龙溪嘉陵江特大桥

龙溪嘉陵江特大桥

大跨度PC连续刚构桥
挠度及线形控制

李清芇　康　飞　陈传勇　滕泽辉　曾　勇　著

重庆大学出版社

内容简介

本书是中交一公局集团有限公司和中交一公局第八工程有限公司资助的研究成果。全书共8章,内容包括:混凝土收缩徐变基础理论、大跨度PC连续刚构桥下挠与开裂的成因分析、预拱度设置对主梁线形的影响因素分析、挂篮变形对主梁立模标高的影响研究、混凝土收缩徐变对大跨度连续刚构桥长期挠度的影响、预应力损失对大跨度连续刚构桥长期挠度的影响以及控制PC连续刚构桥挠度的对策等内容。

本书主要用作土木工程专业本科生的专业拓展课程教材,也可供桥梁科研、设计、施工、管理养护等专业技术人员参考。

图书在版编目(CIP)数据

大跨度PC连续刚构桥挠度及线形控制/李清芾等著
. —重庆:重庆大学出版社,2022.11
ISBN 978-7-5689-3382-7

Ⅰ.①大… Ⅱ.①李… Ⅲ.①长跨桥—连续刚构桥—线形设计 Ⅳ.①U448.23

中国版本图书馆CIP数据核字(2022)第111559号

大跨度PC连续刚构桥挠度及线形控制
DAKUADU PC LIANXU GANGGOU QIAO NAODU JI XIANXING KONGZHI

李清芾 康 飞 陈传勇 滕泽辉 曾 勇 著
策划编辑:刘颖果
责任编辑:陈 力 版式设计:刘颖果
责任校对:刘志刚 责任印制:赵 晟

*

重庆大学出版社出版发行
出版人:饶帮华
社址:重庆市沙坪坝区大学城西路21号
邮编:401331
电话:(023)88617190 88617185(中小学)
传真:(023)88617186 88617166
网址:http://www.cqup.com.cn
邮箱:fxk@cqup.com.cn(营销中心)
全国新华书店经销
重庆升光电力印务有限公司印刷

*

开本:720mm×1020mm 印张:10.75 字数:179千 插页:16开1页
2022年11月第1版 2022年11月第1次印刷
ISBN 978-7-5689-3382-7 定价:68.00元

前　言

大跨度预应力连续刚构桥结构起源于第二次世界大战后的欧洲。连续刚构桥一般具有薄壁墩、墩梁固结、预应力变截面的连续箱梁的构造特点,由于其预应力一般设置为三向或双向,所以该桥型有很大的横向抗扭刚度和纵向抗弯刚度,同时具有良好的抗震能力、结构整体性、维护简单等优点。预应力连续刚构桥的桥型简洁美观,整体性和连续性好,行车舒适,易养护,施工便利,工艺较为成熟。因此在 40～300 m 的经济跨径范围内,此类桥梁是最有竞争力的桥型之一。

但是由于客观原因与时代限制,我国大跨径预应力连续刚构桥往往建成时间不长就普遍出现各种类型的病害,其中最主要的病害是箱体开裂和主跨过度下挠。这两种病害不但导致养护费用大幅增加,损害桥梁的美观,更重要的是造成交通运营和结构安全度的降低。

由于大跨度预应力连续刚构桥超出设计预期的开裂与过度下挠,使得工程界对箱梁桥的应用带来一些顾虑,迫切需要探明箱梁结构开裂与下挠产生的规律和形成机理,无论是对桥梁的养护还是对新建桥梁的设计、施工都是十分必要的。对预应力混凝土梁桥开裂与下挠的现状进行调查与成因分析,可为大跨度预应力连续刚构桥提供理论依据和实验基础,这对避免和减少病害具有重大意义。

在中交一公局集团有限公司和中交一公局第八工程有限公司等单位的资助下,经过多年的研究,笔者在大跨度 PC 连续刚构桥挠度及线形控制方面取得了一些成果,本书是作者对这些成果的总结。全书共 8 章:第 1 章介绍了预应力混凝土连续刚构桥的构造特点、发展概况、主要构件的受力特点,论述了连续刚构的主要病害及本书的研究意义。第 2 章介绍了混凝土收缩、徐变等定义及其影响因素。第 3 章从箱梁混凝土收缩徐变的合理考虑、对预应力长期损失估计偏低、混凝土的开裂、施工方法等方面,论述了大跨度 PC 连续刚构桥下挠与开裂的成因,并介绍了常见的实桥案例。第 4 章研究了预拱度设置对主梁线性的影响。第 5 章论述了挂篮变形对主梁立模标高的影响等内容。第 6 章研究了混凝土收缩徐变对大跨度连续刚构桥长期挠度的影响。第 7 章研究了预应力损失对大跨度连续刚构桥长期挠度的影响。第 8 章列举了控制 PC 连续刚构桥挠度的对策。

在撰写本书的过程中,相关专家与领导,特别是中交一公局集团有限公司和中交一公局第八工程有限公司的相关领导,长期以来对本书工作进行了支持、指导、关心与帮助,相关同事协助完成了本书的编排、图形绘制等工作,在此向他们表示感谢。限于篇幅或者本人疏漏,且有部分图片来自网络,有些参考资料未能一一注明,请见谅或予以指正。

限于作者认识与经验的局限性,书中难免存在不妥和疏漏之处,敬请读者批评指正。

著者

2022.4

目　录

第1章　绪论 ⋯⋯⋯⋯⋯⋯⋯⋯⋯⋯⋯⋯⋯⋯⋯⋯⋯⋯⋯⋯ 001

　1.1　预应力混凝土连续刚构桥概述 ⋯⋯⋯⋯⋯⋯⋯⋯⋯⋯⋯ 001

　1.2　连续刚构桥主要病害 ⋯⋯⋯⋯⋯⋯⋯⋯⋯⋯⋯⋯⋯⋯⋯ 007

　1.3　研究背景和意义 ⋯⋯⋯⋯⋯⋯⋯⋯⋯⋯⋯⋯⋯⋯⋯⋯⋯ 013

　1.4　本书的主要内容 ⋯⋯⋯⋯⋯⋯⋯⋯⋯⋯⋯⋯⋯⋯⋯⋯⋯ 016

第2章　混凝土收缩徐变基础理论 ⋯⋯⋯⋯⋯⋯⋯⋯⋯⋯⋯⋯ 017

　2.1　混凝土收缩徐变的概念 ⋯⋯⋯⋯⋯⋯⋯⋯⋯⋯⋯⋯⋯⋯ 017

　2.2　收缩徐变机理 ⋯⋯⋯⋯⋯⋯⋯⋯⋯⋯⋯⋯⋯⋯⋯⋯⋯⋯ 018

　2.3　影响收缩徐变的因素 ⋯⋯⋯⋯⋯⋯⋯⋯⋯⋯⋯⋯⋯⋯⋯ 021

　2.4　收缩徐变对结构性能的影响 ⋯⋯⋯⋯⋯⋯⋯⋯⋯⋯⋯⋯ 024

　2.5　混凝土收缩徐变计算理论 ⋯⋯⋯⋯⋯⋯⋯⋯⋯⋯⋯⋯⋯ 024

第3章　大跨度 PC 连续刚构桥下挠与开裂的成因分析 ⋯⋯⋯⋯ 028

　3.1　大跨度 PC 连续刚构开裂与下挠的国内外研究现状 ⋯⋯⋯ 028

　3.2　连续刚构长期下挠的主要因素分析 ⋯⋯⋯⋯⋯⋯⋯⋯⋯ 048

　3.3　连续刚构典型开裂类型的成因分析 ⋯⋯⋯⋯⋯⋯⋯⋯⋯ 052

　3.4　连续刚构典型下挠成因分析 ⋯⋯⋯⋯⋯⋯⋯⋯⋯⋯⋯⋯ 055

　3.5　连续刚构主要病害的危害性分析 ⋯⋯⋯⋯⋯⋯⋯⋯⋯⋯ 057

　3.6　主梁不可恢复的后期永久变形现状测定和分析 ⋯⋯⋯⋯ 059

　3.7　部分案例 ⋯⋯⋯⋯⋯⋯⋯⋯⋯⋯⋯⋯⋯⋯⋯⋯⋯⋯⋯⋯ 062

第4章　预拱度设置对主梁线形的影响因素分析 ⋯⋯⋯⋯⋯⋯ 081

　4.1　预拱度对成桥线形的影响 ⋯⋯⋯⋯⋯⋯⋯⋯⋯⋯⋯⋯⋯ 081

　4.2　预拱度的影响因素 ⋯⋯⋯⋯⋯⋯⋯⋯⋯⋯⋯⋯⋯⋯⋯⋯ 083

　4.3　大跨度 PC 连续刚构桥的预拱度 ⋯⋯⋯⋯⋯⋯⋯⋯⋯⋯ 088

　4.4　预拱度计算实例 ⋯⋯⋯⋯⋯⋯⋯⋯⋯⋯⋯⋯⋯⋯⋯⋯⋯ 091

第 5 章　挂篮变形对主梁立模标高的影响研究 ········· 094

　5.1　概述 ··········· 094

　5.2　挂篮荷载计算及相关参数 ··········· 095

　5.3　挂篮加载试验 ··········· 097

　5.4　施工中挂篮的变形控制分析 ··········· 099

第 6 章　混凝土收缩徐变对大跨度连续刚构桥长期挠度的影响 ········· 102

　6.1　影响混凝土徐变的因素 ··········· 102

　6.2　徐变对预应力混凝土桥梁结构的影响 ··········· 104

　6.3　混凝土收缩徐变预测模型 ··········· 107

　6.4　收缩徐变对挠度的影响 ··········· 109

　6.5　收缩徐变对内力的影响 ··········· 114

第 7 章　预应力损失对大跨度连续刚构桥长期挠度的影响 ········· 115

　7.1　概论 ··········· 115

　7.2　计算模型的建立 ··········· 116

　7.3　施工阶段计算结果 ··········· 122

　7.4　钢束与管道壁间摩擦产生的损失对长期挠度的影响 ··········· 125

　7.5　钢束预应力对长期挠度的影响 ··········· 129

　7.6　小结 ··········· 139

第 8 章　控制 PC 连续刚构桥挠度的对策 ········· 140

　8.1　控制裂缝病害的一般对策 ··········· 140

　8.2　控制连续刚构病害的对策 ··········· 145

　8.3　连续刚构开裂与下挠控制建议 ··········· 159

参考文献 ··········· 164

第1章 绪 论

1.1 预应力混凝土连续刚构桥概述

1.1.1 预应力混凝土连续刚构桥的产生与发展

在 19 世纪 50 年代,桥梁分为简支梁、悬臂梁和连续梁。其中连续刚构作为一种历史比较悠久的桥型,早已被人们所熟知并广泛应用。受当时混凝土材料的限制,以及桥梁施工技术没有得到发展,致使桥梁的发展受到了限制。在 19 世纪中期以后,由于钢铁行业的不断发展,人们将钢铁应用到了更多领域,在此背景下,钢桁架桥应运而生。在修建钢桁架桥的过程中使用了悬臂法施工,这为后来的悬臂浇筑法提供了较为有力的实践依据。事实证明,在后来的桥梁施工发展进程中,T 型悬臂施工法的技术越来越成熟,同时其应用也越来越广泛。20 世纪 50 年代,预应力技术诞生,被应用到混凝土桥梁上,这一重要的发明彻底颠覆了原有的混凝土桥梁结构受力形式,使得桥梁结构在受力上得到进一步优化,完善了桥梁结构技术。1953 年,主跨为 114.2 m 的胡尔姆斯(Worms)桥在德国建成,这标志着悬臂浇筑施工法在工程实践中得到了成功应用,在桥梁发展史上具有划时代意义。德国于 1954 年建成了科布伦茨(Koblenz)桥,这座桥与胡尔姆斯桥相类似,在当时这种 T 型刚构绝大部分都是跨中带铰的。如图 1.1 所示为平衡悬臂施工示意图。

T 型刚构跨中带铰存在很多弊端,首先要考虑铰的费用;其次跨中铰经过长时间荷载的作用,桥面在铰处会形成明显的折线,同时剪力铰也容易遭到破坏,严重影响桥上行车平顺。直到 20 世纪 50 年代,人们才尝试着用挂梁代替

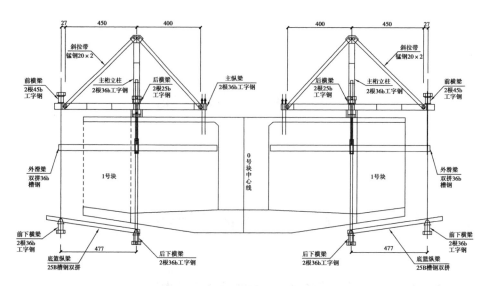

图 1.1　平衡悬臂施工示意图

桥梁跨中的剪力铰。这种挂梁在很大程度上可以避免跨中带铰的 T 型刚构带来的不足,提高了桥梁的美观和行车体验度。但是挂梁的缺点随之而来,伸缩缝的增加和牛腿的构造越来越复杂,导致其非常容易遭到破坏,同时,这种挂梁在施工时需要增加配套的架梁设备,使得施工过程变得更加复杂。各种原因导致 T 型刚构在全世界没有得到广泛的应用。

T 型刚构桥梁的伸缩缝较多,已经不能满足社会的发展。在德国工程师的努力尝试下,预应力混凝土连续刚构应运而生,这种桥型很快得到推广应用。工程师们分别在 1960 年和 1962 年相继提出逐孔架设法和顶推施工法,使得这种桥型施工变得相对简单,跨径越来越大。后来,悬臂浇筑施工法被一些工程师尝试着用来建设预应力混凝土连续刚构桥,这种桥型具有伸缩缝少、行车平顺等突出特点,其缺点是在悬臂浇筑施工过程前,墩与梁需要临时固结,在跨中合龙后,需要将临时固结拆除,在墩梁交接处需要改成大吨位的盆式支座,这就是所谓的体系转换。随着跨径的不断增加,支座越做越大,体系转换和支座的后期维修费用也越来越大,这一弊端日趋明显,严重阻碍了预应力混凝土连续刚构桥的发展。工程师们使用前人所得结论,最终创造性地建造出了预应力混凝土连续刚构桥。预应力混凝土连续刚构桥在悬臂施工过程中,只需在墩和梁固结一次,不需要进行体系转换,加快了工程进度,减少了后期桥梁运营维修费用,不但有着连续刚构伸缩缝少和行车舒适度高的优点,还有 T 型刚构无支座的优点。从 20 世纪 60 年代开始,预应力混凝土连续刚构桥因其各方面的优点得到了迅猛发展。

1974 年,一座四跨(94+144+144+94)m 的预应力混凝土连续刚构桥弗尔斯瑙桥(Felsenau Bridge)在瑞士建成;同年,一座主跨为(106+192+106)m 的预应力混凝土连续刚构桥摩泽尔桥(Die Mosel Brucke)在德国建成;1982 年,世界上最大跨度的预应力混凝土连续刚构桥休斯敦(Houston)运河桥在美国建成,长度为(114.3+228.6+114.3)m,其桥面宽度为 18 m,采用的是室箱型截面和刚性桥墩;1984 年,连续刚构桥汉诺威-维尔茨堡桥(Nannover-Wurzburg)在德国建成,桥墩使用 V 字形构造,该桥主跨为(82+135+82)m;1985 年,一座主跨为(145+260+145)m 的门道桥(Gateway)在澳大利亚建成,该桥以主跨 260 m 打破了当时连续刚构桥最大主跨纪录;1998 年,一座主跨为 298 m 的四跨连续刚构桥 Raftsundet 海湾桥在挪威建成,打破了门道桥的纪录,一直保持到现在。某大跨连续刚构桥如图 1.2 所示。国外大跨度连续刚构桥统计见表 1.1。

图 1.2　某大跨连续刚构桥图

表 1.1　国外 PC 大跨度连续刚构桥统计表

序号	桥名	国家	建成年份/年	主跨/m
1	New Stolma Bridge	挪威	1999	301
2	Sundoya Bridge	挪威	2003	298
3	Raftsundet Bay Bridge	挪威	1998	298

续表

序号	桥名	国家	建成年份/年	主跨/m
4	Gateway Bridge	澳大利亚	1986	260
5	Varodde Bridge	挪威	1994	260
6	Norththumberland Strait BridgeNorththumberland	加拿大	1997	250
7	Skey Bridge	英国	1995	250
8	Eno-shima Bridge	日本	1995	250
9	Doutor Bridge	葡萄牙	1990	250
10	Schottwien Bridge	澳大利亚	1989	250

国内的连续刚构桥起步较晚,1988 年,广东洛溪大桥(主跨为 180m)的建成通车意味着预应力混凝土连续刚构桥在我国得到了应用,从此这种桥型在中国得到了广泛运用。自 20 世纪 90 年代以来,我国相继建成了多座预应力连续刚构桥,如广州虎门大桥、重庆黄花园大桥等。我国桥梁事业虽然起步比较晚,但是发展相当迅速,尤其是广州虎门大桥(主跨为 270 m)保持了两年的世界最大跨度。随着当代材料的进一步发展,大跨度混凝土连续刚构桥必将得到突飞猛进的发展。国内大跨度连续刚构桥统计见表 1.2。

表 1.2　国内大跨度连续刚构桥统计表

序号	桥名	建成年份/年	主跨/m
1	重庆石板坡长江大桥复线桥	2005	86.5+4×138+330+132.5
2	北盘江特大桥	2013	82.5+220+290+220+82.5
3	虎门大桥辅航道桥	1997	150+270+150
4	苏通大桥辅航道桥	2008	140+268+140
5	云南红河大桥	2003	58+182+265+194+70
6	重庆鱼洞长江大桥	2011	145.32+2×260+145.32
7	宁德下白石大桥	2003	145+2×260+145
8	江安长江大桥	2007	146+252+146
9	重庆嘉华大桥	2007	138+252+138

序号	桥名	建成年份/年	主跨/m
10	泸州长江二桥	2000	145+252+54.75
11	珠江特大桥	2004	138+250+138
12	马鞍山嘉陵江大桥	2001	146+3×250+146
13	重庆黄花园大桥	1999	137+3×250+137

1.1.2 预应力混凝土连续刚构桥的特点

(1)构造特点

连续刚构桥一般具有薄壁墩、墩梁固结、预应力变截面的连续箱梁的构造特点,由于其预应力一般设置为三向或双向,所以该桥型有很大的横向抗扭刚度和纵向抗弯刚度,同时具有良好的抗震能力、结构整体性强、维护简单等优点。预应力混凝土连续刚构桥在悬臂施工过程前后,墩梁都是固结的,不需要进行体系转换,大大减少了施工步骤,也减少了后期桥梁运营维修费用,不但有着连续刚构伸缩缝少和行车舒适度高的优点,还有 T 型刚构无支座的优点。

(2)施工过程

在大跨度连续刚构桥主梁施工过程中,绝大部分采用悬臂施工法。大跨度预应力混凝土连续刚构桥在用悬臂浇筑法进行施工的过程中,基本上可分为以下 4 个阶段:

①在桥墩顶处设置钢结构的托架,用于施工主梁的零号块,并且承受其重量。

②对挂篮进行组装,分阶段在挂篮上悬臂对称浇筑混凝土梁段。

③搭设支架,浇筑边跨靠岸混凝土梁段。

④对悬臂端进行合龙,一般是先合龙边跨,再合龙中跨。

在悬臂浇筑过程中,每一梁段的长度通常为 2.5 ~ 5 m,新浇的梁段混凝土强度在满足设计要求后,再张拉预应力钢筋。挂篮可以沿桥梁纵向移动,其支承在前一段已经施加了预应力的现浇混凝土段上。

在悬臂浇筑法施工过程中,每一浇筑梁段的施工程序如图 1.3 所示。

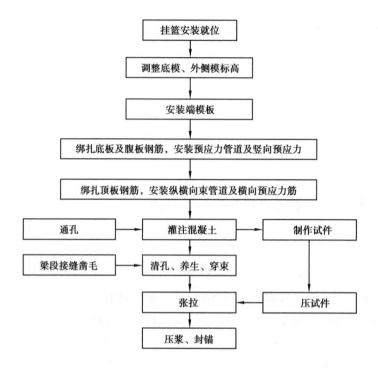

图 1.3 悬臂浇筑施工工艺流程

一般情况下,所有的浇筑梁段从施工开始到挂篮前移需要的时间为 7~10 d。特殊情况下为了加快施工进度,可以使用一定的辅助措施,如在混凝土中掺加早强剂、使用多套挂篮同时施工和采用蒸汽养护等方法。悬臂浇筑法施工的特点主要有:

①在悬臂浇筑施工过程中,对桥下的通航或交通完全没有影响。不使用支架,节约了费用。

②挂篮及其附属的模板能反复使用,降低了造价。

③工作效率得到大幅度提高,同时减少了施工所用的总时间。

④对施工控制精确程度非常严格,施工过程中很多因素都对成桥的内力和线性影响很大,在控制过程中要有严格的保证精确程度的有效措施。

1.2　连续刚构桥主要病害

连续刚构桥采用墩梁固结，一般采用悬臂施工法。顺桥向抗弯刚度和横桥向抗扭刚度大，受力性能良好，顺桥向抗推刚度小，对温度、混凝土收缩徐变及地震影响均有利，但桥墩刚度较小，抗撞击能力较弱。连续刚构桥常使用变截面，适用跨度较大，在大型桥梁中使用较广泛，一般用于跨越大江、大河。

某高速上的一座连续刚构桥梁，其跨径组合为(140+240+140)m，某次检查后主要病害如下：

①箱内左幅中跨合龙段腹板、左右幅边跨梁端现浇段(32#块)腹板以及顶板均出现纵桥向裂缝或斜向裂缝，其中现浇段(32#块)共有 27 条竖向或斜向裂缝，顶板共发现 13 条纵向或斜向裂缝，中跨合龙段共有 14 条纵向裂缝，中跨 25#块处共有 7 条纵向或斜向裂缝，裂缝宽度为 0.05～0.10 mm。

②左右幅中跨跨中附近顶板、右幅第 3 跨(27～30#块处)顶板中线位置均有 1 条纵桥向裂缝，裂缝宽度为 0.05～0.13 mm，齿板裂缝。

③全桥部分横隔板人洞附近存在细小裂缝。

1.2.1　腹板裂缝

腹板裂缝按其产生的原因和部位不同，分为主拉应力产生的腹板斜裂缝、锚后拉应力产生的腹板斜裂缝、连续梁边跨端部腹板斜裂缝、竖向正应力产生的腹板水平裂缝以及竖向正应力和主拉应力作用下的腹板水平、斜向组合裂缝。

(1)主拉应力产生的腹板斜裂缝

预应力混凝土连续箱梁桥主要结构斜裂缝均分布于距支座 $L/4$ 附近的腹板上，约呈 45°分布，出现这种裂缝主要是由于箱梁支座附近剪应力过大、腹板抗剪能力不足，以及主拉应力方向抗裂安全储备不充分等因素所致。

预应力混凝土连续箱梁腹板斜裂缝沿预应力束管道走向发展，该类型一般在施工阶段产生。这种裂缝主要是由于箱梁腹板截面尺寸不够或预应力束张拉过大，使主拉应力方向抗裂安全储备考虑不充分等因素所致。

对于箱梁桥腹板来说，抗剪能力主要由混凝土本身的抗剪能力、纵向弯起束预应力产生的正应力和竖向非预应力钢筋网 3 个部分组成，前两者防止腹板开裂，后者控制腹板裂缝扩展且补偿纵向弯起束预应力空白区。

箱梁桥在弯矩、剪力和扭矩共同作用下处于复杂的空间受力状态，分析时腹板可以简化为平面应力状态，主要为腹板平面内的纵向正应力 σ_x、竖向正应力 σ_y 和剪应力 τ_{xy}，而横向正应力 σ_z 以及剪应力 τ_{xz} 和 τ_{zy} 数值极小，可以忽略不计。

按照梁截面周边刚性的假定，即箱梁截面形状在变形过程中保持不变，箱梁桥腹板的 $\sigma_y=0$，在腹板的上下缘 $\tau=0$，中性轴附近剪应力最大，腹板中性轴附近主拉应力最大，如果主拉应力超过混凝土的极限抗拉强度，腹板就会产生斜裂缝。

施加足够的纵向预应力和竖向预应力可以达到腹板抗剪的目的，但竖向预应力钢筋比较短，锚具预应力损失大，施工上具有一定的难度，导致竖向预应力效果较差。同时，箱梁桥设计时纵向预应力束配置不合理，纵向预应力束往往不进行弯起布置，使得箱梁桥腹板中易形成主拉应力空白区。另外，目前设计时没充分考虑箱梁桥的斜截面抗裂能力，非预应力钢筋特别是腹板中的箍筋和弯起钢筋设计往往较少，在主拉应力较大区，一旦竖向预应力损失过大，斜截面抗剪承载能力将严重不足，从而导致腹板出现斜裂缝。

(2) 锚后拉应力产生的腹板斜裂缝

采用悬臂浇筑法施工的预应力混凝土梁和部分预应力混凝土梁，在悬臂分段浇筑中，锚头往往布置在接缝面。在接缝面新浇混凝土的强度降低很多，如果在此锚固预应力钢筋，将在锚固区引起局部高压应力而导致蠕变，锚头后面将产生拉应力，如果锚后受拉钢筋配置不足，则锚固区的接缝就很容易发生裂缝。

后张法构件的锚头局部承压区，在其纵向长度大致相当于一倍梁高的端块内，在靠近垫板处产生横向压应力，其他部位产生横向拉应力，当锚具的吨位很大时，有可能导致构件纵向开裂。

(3) 连续梁边跨端部腹板斜裂缝

经调查发现，连续梁边跨已发生腹板斜裂缝，其裂缝形态与腹板斜裂缝差不多。连续梁边跨一般是在支架上现浇,剪力较大,同时巨大的支座反力靠腹板传递,而端部腹板往往没有配置弯起束,以致不能抵抗主拉应力,易产生裂缝。

(4)竖向正应力产生的腹板水平裂缝

该类裂缝主要发生在边跨支座附近和中跨 $\frac{L}{4} \sim \frac{3}{4}L$ 处,且均位于腹板上缘。

对大跨度混凝土箱梁桥,在荷载作用下,箱梁桥已发生畸变,腹板易产生竖向正应力,由于板上缘处剪应力为 0,主拉应力方向与腹板竖向方向基本相同,因此上缘易产生水平裂缝。

(5)竖向正应力和主拉应力作用下产生的腹板水平、斜向组合裂缝

这种病害裂缝主要发生在边跨支座附近和中跨 $\frac{L}{4} \sim \frac{3}{4}L$ 处,水平裂缝位于腹板上缘,斜裂缝约呈 45°分布,该类裂缝是斜向正应力和主拉应力共同作用下的结果。

1.2.2 顶底板裂缝

箱梁桥受到畸变和横向弯曲的作用,在其顶板和底板易产生裂缝。

(1)齿板裂缝

预应力混凝土箱梁齿块后的底板横向裂缝属于预应力作用产生的受力裂缝,裂缝方向与主拉应力有关,一般与桥纵轴线呈 30° ~45°斜向腹板两侧发展。若齿板靠近梁段接缝,则有可能向接缝发展,并可能扩展至腹板内,该类裂缝初期发展很快,裂缝宽度较大,对结构受力有一定影响。

在预应力混凝土箱梁设计中,梁体纵向预应力钢束往往需要由箱梁腹板、底板或顶板内伸出进入混凝土齿板,纵向预应力钢束张拉后锚固在齿板后端。

伸入混凝土齿板的预应力钢束一般采用曲线或弯起段采用曲线后接直线的形式,以使齿板混凝土承受曲线预应力钢束作用的均匀径向压力。

通常,在施工过程中,为了施工方便,齿板内曲线预应力钢束一般做成折线形式,这样便会在转角处产生集中力,而不是设计之初的均匀径向压力,一旦施加预应力,便会在齿板与底板交界处产生裂缝。

对后张预应力结构,预应力通常由锚具传递给混凝土,随着大吨位预应力的使用,锚下混凝土承受很大的局部压应力和应力集中,常常伴随劈拉应力,如果在设计和施工中未重视,则有可能导致裂缝的产生。

(2)曲索转向受力裂缝

当箱梁底板的预应力钢筋弯起到腹板处锚固时,钢筋布置要经过平直和弯曲段,中间必然有一个转角,会在底板产生横向拉力,致使底板可能产生纵向裂缝。

(3)底板波纹管下方混凝土保护层过薄导致开裂

变高度预应力混凝土箱梁的底板在垂直平面处具有一定的曲率,预应力钢束一般按这种曲率布置,在张拉底板束时会产生向下的径向分布荷载,如果底板保护层过薄,波纹管下方混凝土未振捣密实,底板上下层未设置足够的架立抗拉钢筋,则容易产生底板混凝土保护层劈裂。

1.2.3 横隔板裂缝

该类裂缝主要包括桥横隔板孔洞周围放射性裂缝和孔洞之间的竖向裂缝。

箱梁桥横隔板孔洞的放射性裂缝主要由孔洞周围应力集中产生,孔洞之间的竖向裂缝一般产生于支座处的横梁,主要由支座反力引起,类似于轴向受压构件在轴向压力作用下产生的劈裂裂缝。

1.2.4 跨中下挠

(1)自重

自重是引起长期变形的主要荷载,主要是由施工造成的,首先是大体积混凝土浇筑过程中模板易产生变形,导致局部混凝土超方;其次是桥梁线形控制不佳,需要超方混凝土进行调平,这导致桥梁自重超过设计重量,相应导致恒载变形增大。

1)混凝土超方对长期挠度的影响

假定在施工过程中,现浇混凝土超重1%、2%、3%、4%、5%,分别计算得到不同超重比例下中跨长期变形值,发现不同超重条件下的长期变形增大比例与施工时超重的增大比例基本成正比,且这一比例基本不变,即施工每超重1%,

长期变形会增大 1.37% 左右,长期变形增大速度大于超重增加的比例。

2)桥面铺装层厚度超厚对长期挠度的影响

假定设计铺装层厚度为 8 cm、14 cm 和 20 cm,实际不均匀铺装厚度按 12.5 cm 和 11.8 cm 分别考虑,得到跨中长期变形趋势,发现桥面铺装层越厚,初期上拱量越小,后期下挠值越大,桥面铺装层每增加 6 cm,10 年后长期挠度增加 0.5 ~ 0.6 cm,增加幅度为 32.2% ~ 34.3%,增加幅度与桥面铺装层厚度的增加量基本成正比。

将桥面铺装层厚度换算成重量,得到各桥面铺装层下桥梁总自重,设计桥面铺装层折算成平均桥面厚度约 13.1 cm,与桥梁总重相比,当桥面铺装施工正常平顺时,厚度每增加 6.7%,长期挠度会增加 33% ~ 34%,可见桥面铺装不平顺,尤其是跨中范围内铺装层过厚对长期下挠会产生很大影响。

由于长期下挠与桥面铺装层厚度基本成正比,因此桥面铺装折算成桥梁自重每增加 1%,长期下挠会增加 4.9%,桥面铺装层超重的影响远大于箱梁现浇超重的影响。

(2)预应力

预应力能抵消桥梁变形,但预应力损失比较明确,其损失包括两部分,一是在预应力施加阶段产生的,主要是摩阻与锚口损失;二是后期损失,主要由混凝土发生收缩徐变引起。预应力损失一旦过大将不能抵御外荷载产生的拉应力,从而使梁体开裂,导致桥梁长期变形。

1)预应力度与梁长期变形的关系

小跨径桥梁与大跨度桥梁中恒载、活载对关键截面的弯矩效应比例并不相同,随着跨径增大,活载所占比例下降,恒载相应比较高,总体而言,小跨径桥梁活载弯矩会大于 30%,大跨度桥梁活载弯矩小于 10%,主要是恒载弯矩起主导作用。

桥梁长期下挠的根本原因是恒载弯矩与预应力弯矩偏差所引起的混凝土徐变效应,随着跨径增大,预应力很难完全抵消恒载弯矩,必然发生长期挠度增加。

2)预应力损失对长期挠度的影响

桥梁设计中预应力作用与恒活载作用相互平衡,在使用过程中,预应力损失的大小会对长期下挠产生较大影响。计算结果表明,当预应力损失扩大 5%

后,成桥 10 年后挠度达 3.26 cm;当预应力损失扩大 10% 后,成桥 10 年后挠度达到 3.66 cm。预应力损失每增大 10%,挠度会增加 0.7~0.8 cm。到了成桥 30 年,预应力损失每增大 10%,挠度会增加 0.8~0.9 cm,增幅趋于平缓。

总之,预应力损失对大跨度混凝土梁桥长期下挠的影响非常明显,主要是预应力损失增大后,预应力效应与恒载效应不匹配,两者差值扩大,并且随着跨径的增大,这一效应将放大,由此导致的结构长期下挠增大。

(3)混凝土弹性模量

混凝土弹性模量随着混凝土龄期的增长逐渐增大,弹性模量是影响梁体变形的主要因素。我国这几年的建设主要以工期为控制目标,混凝土中一般都加入早强剂,但不影响混凝土弹性模量,节段浇筑的悬臂梁往往在前一阶段强度达到 70% 后便浇筑下一阶段混凝土,造成的后果是强度虽然达到了要求,但弹性模量仍较低,变形较大,对主梁的变形有一定影响。

(4)徐变系数

徐变系数是混凝土徐变量的一个重要参数。徐变系数的取值直接影响徐变变形及预应力损失计算。低应力情况下,徐变系数与混凝土应力无关,随着预应力的增大,梁体中的混凝土应力相对比较大。徐变系数对长期变形的影响不可忽略。

混凝土具有徐变和收缩特性,收缩作用主要体现在梁体的缩短,对大跨度梁桥的挠度影响不大,由于有弹性挠度存在,徐变对大跨度梁桥的变形有较大影响。

1)混凝土徐变终极值对变形的影响

规范规定,C50 混凝土 10 000 d 的徐变终极值为 2.04,将徐变终极值分别增加 20%、40%、60%、80%,计算得到跨中长期挠度,徐变终极值增大 1.2 倍时,10 年后的长期下挠达到之前的 1.5 倍;当增大 1.4 倍时,长期下挠增大至 2.1 倍;当增大 1.8 倍时,长期下挠达到 4.35 倍。

2)混凝土加载龄期对长期变形的影响

为了赶工期,混凝土加载龄期都比较早,弹性模量偏低,徐变系数本身会增大,必然会引起下挠。施工时,加载龄期较早的节段,其徐变变形仅受相邻下一节段混凝土湿重及施工荷载影响,当施工相邻第二个节段时,徐变系数大的节段随着龄期的增长,其徐变系数已恢复至正常变化水平。因此,早期徐变系数较大对长期下挠的影响较小,主要体现在当前施工阶段。

(5)梁体开裂

梁体开裂后将产生 3 个效应:一是开裂后梁体截面的惯性矩降低,降低了梁体刚度,增大了变形;二是会导致应力重分布;三是裂缝两端刚体发生转动。这些因素都将导致梁体产生变形。

1.3　研究背景和意义

1.3.1　研究背景

预应力混凝土箱梁桥结构起源于第二次世界大战后的欧洲。预应力混凝土箱梁从其受力特点来讲,抗弯和抗扭刚度大,可以承受较大的正负弯矩和扭矩作用,特别适合悬臂施工,德国和法国分别发展了悬臂现浇和悬臂拼装这两种悬臂施工技术,加上预应力的优点,使这种结构形式适合连续箱梁和连续刚构等大跨结构。同时,预应力连续箱梁和连续刚构桥的桥型简洁美观,整体性和连续性好,行车舒适,易养护,施工便利,工艺较为成熟。在 40～300 m 的经济跨径范围内,此类桥梁是最有竞争力的桥型之一。从 20 世纪 70 年代开始,我国公路上开始修建大跨度预应力混凝土箱梁桥,进入 20 世纪 80 年代后,预应力连续箱梁桥和预应力箱梁连续刚构桥得到迅猛发展,现已成为我国大跨度桥梁的主要桥型之一。我国在高等级公路上已修建大量预应力箱形截面桥梁,已建和在建主跨径超过 200 m 的此类公路桥梁超过 50 座。近年来,在设计方法、施工质量控制和运营养护中存在诸多缺陷和不足,我国大跨度预应力混凝土箱梁桥往往建成时间不长就普遍出现各种类型的病害,其中主要的病害为箱体的结构性开裂和主跨过度下挠。这两种病害导致养护费用大幅增加,损害桥梁的美观,造成交通运营和结构安全度的降低。这种桥梁跨径大、规模大,往往处于干线公路上,一旦发生安全问题,将会造成巨大的经济损失和不良的社会影响,桥型的继续发展受到严重制约。目前大跨度预应力混凝土梁桥已不乏因此造成重大社会经济损失的例子。例如,帕劳共和国 1977 年建成的跨中带铰的连续刚构 Koror Babeldaob 桥,主跨 241 m,是当时世界上最长的后张预应力混凝土箱形梁桥,建成后变形不断加大,跨中下挠高达 1.2 m,加固后不久,于 1996 年垮塌。1993 年 11 月 18 日建成通车的湖北钟祥汉江公路大桥主跨 100 m,2005 年 9 月由于严重的结构开裂不得不拆除重建。

预应力混凝土箱梁结构超出设计预期的开裂与过度下挠,使得工程界对箱梁桥的应用产生顾虑,迫切需要探明箱梁结构开裂与下挠产生的规律和形成机理,无论对在用桥梁的养护还是对新建桥梁的设计、施工都是十分必要的。我国正处于公路建设的高潮时期,全国有大量的在用、在建和待建的预应力混凝土连续刚构桥。对预应力混凝土梁桥开裂与下挠的现状进行调查与成因分析,可为预应力混凝土箱梁桥的设计和施工提供理论依据和实验基础,避免和减少结构性病害。

1.3.2　研究意义

现行《公路钢筋混凝土及预应力混凝土桥涵设计规范》(JTG D62)规定桥梁在施工过程中应该对预拱度进行设置,用来抵消桥梁结构的自重、二期恒载、钢筋所产生的预应力、混凝土徐变和收缩所产生的变形。由于预拱度值往往是所有恒载的竖向挠度值加上一半的静活载产生的竖向挠度值,因此竖向挠度的控制非常重要,这样才能保证桥梁的主梁具有较好的刚度,确保行车过程中的平顺和舒适,并且即使在车辆冲击力作用下,都不会导致桥面铺装受到破坏。

预应力混凝土梁桥的跨度比较大,施工时间比较长,结构发生的非线性变形不能得到精确控制,再加上所用材料特性值与理论值有出入,导致设计的受力条件与实际有一定出入,从而使得理想的计算结果与实际情况不完全一样,有可能会使结构的线性误差比较大,可能会改变桥梁的受力、使用寿命和美观。根据诸多研究显示,国内外很多大跨度预应力混凝土梁式桥在成桥运营过程中所产生的挠度要远大于设计值。为保证桥梁施工在合龙时具有较高的精度,以及在成桥后运营期间与设计的线性偏差不大,这就使预拱度的设置及施工过程中对线形的控制变得相当重要。全国的大跨度预应力混凝土梁桥都广泛存在跨中下挠的问题,其中有些超出了人们的估量。这些桥梁跨中下挠值还有不断增加的趋势,有可能导致梁体和桥面普遍损坏,桥梁的正常使用受到严重影响。跨中下挠较大现象已经成为大跨度预应力混凝土梁桥较为普遍的问题。很多因素都会导致梁桥跨中下挠,过大的挠度是很难纠正的,因此大跨度预应力混凝土梁桥在悬臂浇筑施工过程中关键的环节就是对挠度的计算以及桥梁的施工控制。表 1.3 为国内外在运营过程中主跨下挠过大的桥梁实例。

表 1.3　国内外在运营过程中部分桥梁主跨跨中下挠的统计数据

序号	桥名	主跨跨径/m	建成年份/年	观测年份/年	主跨最大下挠值/cm
1	虎门大桥辅航道桥	270	1997	2003	22.2
2	黄石长江大桥	245	1995	2002	30.5
3	广东南海金沙大桥	120	1994	2000	22.0
4	三门峡黄河公路大桥	140	1992	2002	22.0
5	英国 Kingston 桥	143.3	1970	1998	30.0
6	美国科罗·巴岛桥	240.8	1978	1996	120.0
7	美国鹦鹉渡口桥	195	1979	1989	60.0
8	重庆长江大桥	174	1980	1990	24.0

在跨中不仅出现严重下挠,而且在跨中箱梁底部出现裂缝病害,对桥梁的结构安全产生严重影响。由此可见,准确地设置桥梁预拱度的重要性,只有这样才能确保桥梁的正常使用。

一直处于自然环境中的桥梁结构,承受着不断变化的太阳辐射作用、外界气温,以及其他温度变化作用。混凝土结构所使用的材料,一般来说,传热性能都很差,在温度不断变化的作用下,混凝土与外表面的温度会随之迅速升降,但是混凝土内部材料的温度变化严重滞后,甚至有些局部温度相对原来基本没有变化,从而导致在混凝土箱梁截面上由内到外形成较大的温度差,即温度梯度。在温度差的作用下,混凝土结构材料的变形不一样,受到不同的内部或者外部约束,极有可能形成很大的温度应力(也称温差应力)。当这种温度应力的存在超过混凝土本身的材料强度时,会导致结构出现开裂,甚至出现破坏。因此,深入研究分析混凝土桥梁的温度效应及温度荷载,对改善现有的预防和治理桥梁结构开裂、提高桥梁施工控制效率有着重要意义。

1.4 本书的主要内容

本书的主要内容如下:

①第 1 章阐述了连续刚构的主要病害,论述了研究大跨度 PC 连续刚构桥挠度及线形控制的背景和意义。

②第 2 章阐述了混凝土收缩徐变基础理论,论述了混凝土收缩与徐变的基本机理以及影响混凝土结构收缩徐变的因素。

③第 3 章进行了大跨 PC 连续刚构桥下挠与开裂的成因分析和连续刚构主要病害的危害性分析,并通过对几座梁体开裂严重且具有代表性的大跨径连续刚构桥梁进行研究,分析其梁体开裂的原因。

④第 4 章进行了预拱度设置对主梁线形的影响因素分析及预拱度对成桥状态的影响分析,研究了预拱度的影响因素,并列举了预拱度计算实例。

⑤第 5 章进行了挂篮变形对主梁立模标高的影响研究,针对重庆市合川区龙溪嘉陵江大桥进行了挂篮荷载计算及相关参数研究,以及施工中挂篮的变形控制分析。

⑥第 6 章进行了混凝土收缩徐变对大跨连续刚构桥长期挠度的影响研究,分析了徐变对预应力混凝土桥梁结构的影响,针对重庆市合川区龙溪嘉陵江大桥,基于不同设计规范,分析了收缩徐变对该桥悬臂施工阶段与成桥阶段的挠度影响以及收缩徐变对该桥内力的影响。

⑦第 7 章进行了预应力损失对大跨连续刚构桥长期挠度的影响研究,针对重庆市合川区龙溪嘉陵江大桥,研究了钢束与管道壁间摩擦产生的损失对该桥长期挠度的影响,纵向预应力、钢束预应力对该桥长期挠度的影响。

⑧第 8 章进行了控制 PC 连续刚构桥挠度的对策研究。根据混凝土梁桥的受力特征,结合其病害形态,从桥梁的设计、施工和后期管养 3 个阶段找出其产生的原因,以制订相应的对策,提出针对性改正措施及建议。

第2章 混凝土收缩徐变基础理论

2.1 混凝土收缩徐变的概念

2.1.1 混凝土收缩

混凝土收缩是指在混凝土凝结初期或硬化过程中,混凝土在不受力情况下出现的体积缩小现象。混凝土的收缩可分为 6 种类型,依次为干燥收缩、塑性收缩、温度收缩、化学收缩、碳化收缩以及自收缩。混凝土的收缩应变可以表示为收缩应变终值与时间函数的乘积,即

$$\varepsilon_{sh(t,t_0)} = \varepsilon_{sh,\infty} \cdot f_{(t-t_0)} \tag{2.1}$$

式中 $\varepsilon_{sh,\infty}$——收缩应变终值;

$f_{(t-t_0)}$——从 t_0 至 t 产生的收缩应变值与收缩应变终极值的比值;

t_0——开始干燥时刻或者拆模时刻混凝土的龄期;

t——混凝土的龄期。

2.1.2 混凝土徐变

混凝土徐变是指混凝土在荷载保持不变的情况下随时间而增长的变形。受正常工作应力持续影响的混凝土,会引发瞬时变形和徐变变形。其中,瞬时变形包含可恢复的弹性变形;徐变变形由可恢复的滞后弹性变形以及不可恢复的流动变形组成,一般来说,徐变变形比瞬时弹性变形大 1~3 倍。

影响混凝土随时间变形的因素概括起来有两点,分别为荷载和干燥。一般情况下,把总徐变变形定义为总变形与对比试件(不加荷试件)的体积变形(补

偿变形)之差,把基本徐变定义为混凝土处于密封条件下(与周围介质没有湿度交换)以及持续荷载作用下引起的徐变,把干燥徐变定义为总徐变值与基本徐变之差,即总徐变=基本徐变+干燥徐变。

一般情况下,采用徐变系数 $\varphi(t,t_0)$ 表示混凝土的徐变程度,目前有两种比较常用的徐变系数定义:第一种是 CEB-FIP MODEL CODE(标准规范,1978 年版)和英国标准 BS5400 第四部分(1984 年版)等采用的定义[式(2.2)];第二种是美国 ACI209 委员会报告中(1982 年版)采用的定义[式(2.3)],第二种定义认为在不同混凝土养护环境的情况下,应当采用不同的混凝土标准加载龄期。

$$\varepsilon_{c(t,t_0)} = \frac{\sigma_{c(t_0)}}{E_{c(28)}} \cdot \varphi(t,t_0) \qquad (2.2)$$

式中　$\varepsilon_{c(t,t_0)}$——作用于混凝土的常应力 $\sigma_{c(t_0)}$ 从 t_0 时刻至 t 时刻产生的徐变应变;

　　　$E_{c(28)}$——混凝土 28 d 龄期的弹性模量。

$$\varepsilon_{c(t,t_0)} = \frac{\sigma_{c(t_0)}}{E_{c(t_0)}} \cdot \varphi(t,t_0) \qquad (2.3)$$

式中　$E_{c(t_0)}$——混凝土 t_0 时刻的弹性模量。

2.2　收缩徐变机理

2.2.1　混凝土收缩的机理

在外界环境湿度低于混凝土本身的湿度时,混凝土中水泥石内部的游离水被蒸发,毛细血管壁受到压缩,混凝土开始收缩。混凝土的收缩并非仅仅由干燥收缩引起,它还包括其他原因,根据混凝土收缩原因的不同通常可分为以下 6 种类型:

(1)干燥收缩

干燥收缩是指混凝土干燥时的体积改变,是由混凝土中水分在新生成的水泥石骨架中的分布变化、移动及蒸发引起,是混凝土停止养护后,在不饱和空气中失去内部毛细孔和凝胶孔的吸附水而发生的不可逆收缩。随着相对湿度的降低,水泥浆体的干燥增大。

（2）塑性收缩

塑性收缩又称为凝缩,是由于混凝土终凝前水化反应激烈,分子链逐渐形成,而出现的体积减缩现象。塑性收缩发生在混凝土拌和后 3～12 h,因为发生时混凝土处于硬化前的塑性状态,因此把这种收缩称为塑性收缩。塑性收缩的大小约为水泥绝对体积的 1%,随混凝土用水量、水灰比增大而增大。塑性收缩多见于道路、地坪、楼板等大面积工程,以夏季施工较为普遍。

（3）温度收缩

温度收缩又称为冷缩,主要是指混凝土内部温度随水泥水化而升高,最后又冷却到环境温度时产生的收缩。其大小与混凝土的热膨胀系数、混凝土内部最高温度和降温速率等因素有关。

（4）碳化收缩

碳化收缩是混凝土中水泥水化物与空气中的 CO_2 发生化学反应的结果。碳化收缩的主要原因是水泥水化物中的 $Ca(OH)_2$ 结晶体碳化成为 $CaCO_3$ 沉淀。碳化收缩的速度取决于混凝土的含水率、环境相对湿度和构件的尺寸。当空气中相对湿度为 100% 或小至 25% 时,碳化收缩停止。碳化收缩相对发展得较晚,而且一般只局限于混凝土表面,其收缩过程是不可逆的。

（5）化学收缩

化学收缩又称为水化收缩,水泥水化后,其生成物相比原料的绝对体积有所减小。所有的胶凝材料水化以后都有这种减缩作用,因为水化反应前后的平均密度不同,大部分硅酸盐水泥浆完全水化后,体积减缩总量为 7%～9%。相对于干燥收缩,化学收缩在混凝土的总收缩中所占比例较小,约为前者的 10%。

（6）自收缩

高强混凝土水灰比低,硬化后水泥凝胶体中的胶孔和毛细孔处于干燥或未饱和状态,将产生较大的毛细孔负压力,导致混凝土发生自收缩。混凝土自收缩的根源在于水泥硬化后未水化水泥继续水化引起绝对体积的减缩,形成的直接原因是无外界水源或水泥水化引起的耗水速率大于外界水的迁移速率。自收缩与干燥收缩相当,是高性能混凝土收缩的主要部分之一。

混凝土的体积收缩是一种必然现象,试验表明,在完全自由的状态下,收缩只会引起构件的缩短,不会在构件内产生应力,因而不会产生裂缝。但实际上由于结构的整体作用,每种构件都受到不同程度的约束,因此混凝土收缩必然在结构、构件中产生内应力,当这些应力足够大时,就会导致结构构件的开裂。

2.2.2　混凝土徐变的机理

目前提出的混凝土徐变机理理论有很多,这些理论一般都基于水泥浆体的微观结构。较常用的理论有黏弹性理论、渗出理论、黏性流动理论、塑性流动理论、微裂缝理论及内力平衡理论等。

（1）黏弹性理论

黏弹性理论认为水泥浆体是一种凝胶骨架空隙充满黏弹性液体的弹性复合体。水泥浆体承受的荷载部分分配给固体空隙中的水承受,延缓了瞬时弹性变形。当水从压力高处流向低处时,分配给固体骨架的荷载增大,导致弹性变形变大。卸除荷载后,水开始倒流,从而引发徐变恢复。

（2）渗出理论

渗出理论认为混凝土受到荷载持续作用的情况下,凝胶粒子表面吸附水以及层间水会出现流动现象,导致混凝土发生徐变。渗出理论可以较好地诠释初期徐变率大以及非恢复性徐变的现象,但渗出理论无法解释试件在干燥之后再潮湿而发生徐变的现象。

（3）黏性流动理论

黏性流动理论把混凝土分为水泥浆体和惰性骨料两大部分,前者在荷载作用下发生黏性流动,后者在荷载作用下不发生黏性流动。当混凝土处于受荷状态时,惰性骨料阻碍了水泥浆体的黏性流动,导致力传递给骨料,从而骨料受到较大的应力,而水泥浆体的应力不断减小。这样也就可以解释徐变速率为何会不断减小。

（4）塑性流动理论

塑性流动理论采用金属材料晶格滑动塑性变形来解释混凝土徐变现象。当金属材料所受工作应力超过其屈服点,就会引起塑性变形。金属材料塑性变形不会引起体积变形,只是晶格沿最大剪切面移动,但是混凝土的剪切能力相比而言强于其拉伸能力。混凝土在剪切破坏之前会先发生拉伸破坏。混凝土徐变有一点与金属塑性变形不一样,混凝土徐变会引起体积减小。

(5)微裂缝理论

微裂缝理论认为黏结微裂缝在受到荷载作用之前就已经存在于多相材料界面上。当处于正常工作荷载状态下,微裂缝通过摩擦力连续传递荷载,徐变变形略有增加。当受到的工作荷载过大时,微裂缝会扩张而且产生新裂缝;当受到的荷载持续增加时,裂缝会不断发展甚至贯通。承受较大工作应力作用情况下产生的非线性徐变现象可以用塑性流动理论和微裂缝理论解释。

(6)内力平衡理论

内力平衡理论认为水泥浆体开始处于一种平衡状态,受到工作荷载作用导致其内力平衡状态遭到破坏,从而引发其向一种新的平衡状态发展,这个发展的过程称为徐变。依照这个理论的观点,任何破坏内力平衡的因素都会引发混凝土干燥收缩和徐变,如荷载、温度、湿度变化等因素。

仅通过一种徐变理论是不能充分解释混凝土徐变机理的,想要深入全面地了解混凝土徐变机理需要将几种理论结合分析。例如,采用黏弹性理论和黏性流动理论可以解释混凝土徐变在施加工作荷载初期发展速率大,而后发展速度逐渐减缓,并产生可恢复徐变。采用渗出理论可以解释加荷初期产生的不可恢复徐变。采用黏性流动理论可以解释随工作荷载不断作用,混凝土主要产生不可恢复徐变。采用塑性流动理论和微裂缝理论可以解释当工作荷载过大时,徐变速率不断增大,应力与应变表现为非线性关系。但是实际情况很少引发这一阶段的徐变现象,一般来说混凝土结构的徐变逐渐趋于稳定。

2.3　影响收缩徐变的因素

2.3.1　影响混凝土收缩的因素

水泥品种、掺合料种类及掺量、骨料品种及含量、混凝土配合比、外加剂种类及掺量、介质温度与相对湿度、养护条件、混凝土龄期、结构特征及碳化作用等因素都影响混凝土的收缩,下面简单介绍其中的几个主要因素。

（1）水泥品种

水泥品种对混凝土的收缩有一定影响。一般来说,混凝土干缩量随配置该混凝土的水泥需水量增大而增大。

（2）掺合料种类及掺量

混凝土的干燥收缩变形量随粉煤灰掺量增大而减小,随凝灰岩粉和硅粉掺量增大而增大,掺钢纤维可以一定程度上控制干缩的发展。

（3）骨料品种及含量

骨料对混凝土干缩的影响很大。影响干缩的因素主要有骨料的种类、含量及弹性模量。骨料的种类主要是普通骨料混凝土的收缩相较于轻骨料小;普通骨料中以石灰岩、石英岩骨料混凝土的收缩小。混凝土的收缩随骨料含量、骨料弹性模量增大而减小。

（4）混凝土配合比

混凝土配合比对干缩影响很大,其中影响较大的因素有单位用水量、单位水泥用量、水胶比、砂率等。

单位用水量和水泥用量很大程度上影响混凝土干缩,其中用水量的影响更大,一般情况下,混凝土干缩量随水泥用量、水胶比、砂率增大而增大。

（5）养护条件

混凝土养护条件对干缩终值有一定的影响。低压蒸气养护及高压蒸气养护相比于常温湿养,混凝土干缩都会减小。

（6）结构特征

结构特征影响混凝土收缩的因素包括结构的形状、尺寸及含钢率等。干燥发生在混凝土的表面层,试件的尺寸及形状对收缩值有很大影响。另外,钢筋可以抑制混凝土收缩,因此含钢率（配筋）也会影响混凝土收缩。

2.3.2　影响混凝土徐变的因素

影响混凝土徐变的因素有很多,可以将这些因素总结为两类,即内部因素和外部因素。

（1）内部因素

影响混凝土徐变的内部因素主要有水泥、骨料、水灰比、灰浆率、外加剂、粉煤灰等。

水泥品种主要通过改变混凝土强度来影响混凝土的徐变,其中水泥细度对混凝土早期强度有一定影响,会一定程度影响混凝土徐变。

骨料影响混凝土徐变的因素有骨料品种、骨料硬度、骨料含量、骨料空隙率等。骨料对水泥浆体会产生约束作用和吸水作用,其中约束程度主要受骨料硬度和含量的影响,骨料的吸水程度主要受骨料致密程度的影响。

混凝土水灰比很大程度上影响着混凝土徐变,一般来说,混凝土徐变随水灰比增大而增大。

灰浆率是指混凝土单位体积内水泥浆含量。水泥浆体是混凝土发生徐变的主要物质。在强度不变的前提下,徐变与灰浆率大约成正比关系。

不同外加剂对混凝土徐变会产生不同程度的影响,如普通减水剂、促凝剂以及增加空气含量的外加剂(如加气剂等)会使混凝土徐变值增大,而超级减水剂对混凝土徐变影响不大。

粉煤灰主要通过影响混凝土强度来影响混凝土徐变。实验数据表明,一般情况下,掺用粉煤灰后,早期加荷徐变将会增大,而晚期加荷徐变将会减小。

（2）外部因素

荷载作用是影响混凝土徐变的主要因素之一。荷载作用包括荷载的大小、加载荷载的龄期以及荷载作用时间等方面。一般情况下,荷载持续时间越长,产生的徐变就会越大;增大施加荷载的龄期,则可以减小徐变。

制作和养护条件等均会影响混凝土徐变的发展。通过影响混凝土的成熟度以及混凝土本身与空气之间水分的转移来影响其徐变,如果混凝土的养护条件比较好,内部振捣密实,当使用蒸汽养护时,则混凝土的徐变将会大大减小。

构件尺寸将直接影响周边温度及湿度对混凝土内部水分溢出的程度。当混凝土的体表比增大时,混凝土的收缩和徐变就会相应地减少;当混凝土处于密闭状态下,水分就不会蒸发,这时构件尺寸就不会影响徐变值的大小。

2.4　收缩徐变对结构性能的影响

收缩徐变对结构性能的影响具有两面性。徐变会导致预应力混凝土结构的预应力损失,会导致大跨度梁挠度增大,这些属于徐变对结构的不利影响,在这种情况下应尽量控制混凝土徐变。徐变对一些结构也有有利的影响,如在大体积混凝土结构中,徐变可以减小温度应力,减少收缩裂缝;在结构应力集中区和因基础不均匀沉陷引起局部应力的结构中,徐变能削减这类结构的应力峰值。在这种情况下,在保持强度不变的前提下,可以设法提高混凝土徐变。

在钢筋混凝土以及预应力混凝土等配筋构件中,在受到内部配筋约束的情况下,混凝土收缩徐变将导致内力重分布。内力重分布的具体表现形式就是预应力损失。

预制的混凝土梁或钢梁和就地浇注的混凝土板拼装而成的结合梁,会因预制部分与现浇部分存在不同的收缩徐变值而引发内力重分布。同样,梁体内具有不同收缩徐变特性的组成部分也会因为变形不同,互相制约而引发内力或应力变化。

一些分阶段施工的预应力混凝土超静定结构,如连续梁、刚梁、斜拉桥、拱桥等,当体系转换完成后,后期结构的新约束会影响从前期结构继承而来的应力状态,并引发结构内力和支点反力的重分布。

以上现象都是现代混凝土结构设计必须考虑的问题。

2.5　混凝土收缩徐变计算理论

2.5.1　混凝土收缩计算理论

混凝土的收缩应变可以表示为收缩应变终值与时间函数 $f_{(t-t_0)}$ 的乘积,时间函数的计算方法主要有以下 3 种:

(1) ACI209 模型

在 ACI209 模型中时间函数 $f_{(t-t_0)}$ 的计算式为:

$$f_{(t-t_0)} = \frac{t-t_0}{A+t-t_0} \tag{2.4}$$

式中　$f_{(t-t_0)}$——从 t_0 至 t 产生的收缩应变值与收缩应变终极值的比值;

　　　A——受养护条件影响的系数。

(2)BP 模式

在 BP 模式中时间函数 $f_{(t-t_0)}$ 的计算式为:

$$f_{(t-t_0)} = \sqrt{\frac{t-t_0}{A+(t-t_0)}} \tag{2.5}$$

式中　A——受开始干燥的龄期、有效厚度及构件形状等影响的系数。

(3)指数函数

利用指数函数计算时间函数 $f_{(t-t_0)}$ 的计算式为:

$$f_{(t-t_0)} = 1-e^{-\beta(t-t_0)} \tag{2.6}$$

式中　β——相关系数。

2.5.2　混凝土徐变计算理论

(1)有效模量法

计算混凝土徐变最初的一种方法为 EMM(Effective Modulus Method),又称为有效模量法。EMM 将徐变看作弹性应变,把徐变问题转变为弹性问题来分析。有效模量为应力与总应变之比,即

$$E_c(\tau) = \frac{E(\tau)}{1+E(\tau)C(t,\tau)} \tag{2.7}$$

式中　$E_c(\tau)$——有效模量;

　　　$E(\tau)$——τ 龄期的弹性模量;

　　　$C(t,\tau)$——徐变度(单位应力作用下)。

由于应力的改变会导致计算变形结果出现偏差,因此不能使用 EMM,并且 EMM 认为徐变是完全可逆的,这不符合实际。但在应力没有明显变化和不考虑龄期的情况下,EMM 的计算结果是较为准确的。

(2)徐变率法

徐变率法(RCM)也称为老化理论,RCM 认为考虑不同加载龄期的徐变曲

线是互相平行的,仅用一条徐变曲线就可以计算徐变。徐变函数为:

$$\frac{d\varepsilon}{d\varphi} = \frac{1}{E(\tau_0)} \left[\sigma(t) + \frac{d\sigma}{d\varphi} \right] \tag{2.8}$$

RCM 适用于解决一些简单的徐变问题,如应力变化缓慢且单调递减的混凝土问题,这一理论在一定程度上弥补了 EMM 的不足。但 RCM 认为徐变系数与计算龄期和计算时间有关,而与加载龄期无关,这与事实不符,尤其是严重低估了晚龄期情况的徐变变形。

(3)弹性徐变理论

弹性徐变理论即叠加法,这一理论假定应力与变形呈线性关系,徐变总应变能够根据相应应力增量引起的徐变应变总和来计算,即

$$\varepsilon(t) = \sigma(\tau_0) \left[\frac{1}{E(\tau_0)} + C(t,\tau_0) \right] + \sum_{i=1}^{n} \Delta\sigma(\tau_i) \left[\frac{1}{E(\tau_i)} + C(t,\tau_i) \right] \tag{2.9}$$

一般情况下,采用弹性徐变理论得出的结果与试验值基本一致,这是应用较为广泛的一种理论。但该理论表现出混凝土卸荷恢复变形曲线和加荷变形曲线相符,即认为老混凝土的徐变是完全可以恢复的,这与事实不符。

(4)弹性老化理论

弹性老化理论又称为流动率法(RCM),它是有效模量法与徐变率法的结合。RCM 将徐变分为 3 个部分,分别为弹性变形、滞后弹性变形和流动变形。该理论认为不同加载龄期的流动变形曲线是平行的,即流动速率和加载龄期是没有关系的,理论表达为:

$$\varepsilon(t) = \frac{\varphi_f(\tau_1) - \varphi_f(\tau_0)}{E(\tau_0)} \tag{2.10}$$

RCM 能够较好地描述早龄期混凝土在卸荷状态下部分徐变可恢复的情况,以及在应力递减情况下徐变计算能得到较准确的结果。但该理论在应力递增情况下低估了混凝土徐变,并且低估了老混凝土的徐变变形。这是因为 RCM 认为不可恢复的徐变完全源于材料的老化,与实际不符。

(5)继效流动理论

继效流动理论将徐变分为可复徐变以及不可复流动变形,区别于弹性老化理论。继效流动理论认为流动速率与加载龄期相互关联。混凝土的总变形为:

$$\varepsilon(t) = \frac{\sigma(t)}{E(t)} + \int_{\tau_0}^{t} \left[-\frac{\partial}{\partial \tau} C_d(t-\tau) - \frac{d}{d\tau}\frac{1}{E(\tau)} + \frac{d}{d\tau}C_f(\tau,\tau_0) \right] \sigma(\tau) d\tau$$

$$(2.11)$$

式中 C_d——可恢复徐变；

C_f——不可恢复徐变。

继效流动理论计算徐变结果准确度较高，特别是针对应力衰减问题，可以计算出合理且精确的结果，但继效流动理论面临着计算比较繁杂的问题。

第 3 章　大跨度 PC 连续刚构桥下挠与开裂的成因分析

3.1　大跨度 PC 连续刚构开裂与下挠的国内外研究现状

3.1.1　大跨度 PC 连续刚构开裂与下挠调查研究现状

20 世纪 80 年代末到 20 世纪 90 年代中期,我国修建的大跨度预应力混凝土箱梁桥不同程度地出现了结构性开裂问题,桥梁相关管理、设计和学术单位对这一问题给予了极高关注。1998 年,中交公路规划设计院通过 13 个省的交通厅对 19 座桥梁进行调查,作了有关箱梁开裂和温度梯度影响的研究;2002 年,预应力混凝土箱梁桥较多的浙江省开展了全省范围内预应力混凝土连续刚构开裂问题的专门研究,着重探讨了平面杆系计算方法中存在的问题,对施工控制进行了研究。客观地讲,这两次设计、管理单位级别的研究推动了我国对预应力混凝土箱梁开裂问题研究的进展,但受各方面因素的制约,如调查桥型单一、涉及桥梁数量少、地域的限制以及现场勘察的桥梁数量少等,研究的深度有限。近年来,国内学者对预应力混凝土箱梁开裂问题的研究报道很多,一部分集中在对传统箱梁解析理论的探讨,一部分从箱梁设计施工经验的角度解释裂缝成因,还有一部分在箱梁计算上探讨不同方法计算的准确性。这些研究从不同角度对箱梁的开裂问题进行了讨论,优点在于对箱梁的受力性能、计算手段以及开裂成因有了更大范围的了解,至少在新桥设计时一些明显的结构布置和布束方面的错误可以避免,缺点在于绝大多数研究探讨的成分多,真正能够指导实际工程的研究少,单一原因讨论得多,复合因素讨论得少。这一现状在某种程度上反映了三向预应力变截面连续箱梁结构计算的复杂性,如解析方法只能解释很简单的无预应力箱梁的情况,对实际工程的计算几乎无能为力。

大跨度预应力混凝土箱梁的开裂问题涉及结构设计、施工以及运营养护等环节,总体上国外在预应力箱梁的设计施工专门规范或指南的制定方面开展了大量的基础研究,如 AASHTO、ASBI 相应的箱梁设计施工指南与标准图等,这些成果对防控预应力混凝土箱梁的开裂起到了积极作用,值得我国桥梁界学习借鉴。

预应力混凝土箱梁的长期过度下挠问题,远较箱梁开裂问题复杂且难以控制,世界各国学者对此都开展了较全面的研究。CEB(欧洲桥梁协会)曾经作过对混凝土悬臂桥变形的调查,收集了建于 1955—1993 年的 27 座桥梁的下挠观测数据,26 座桥梁位于欧洲,1 座位于美国,主跨跨径为 53~195 m,其中一些桥梁即使在 8~10 年后仍然显示出很明显的下挠趋势,另有两座桥的挠度在成桥后的 16~20 年仍一直增加。虽然从 20 世纪 90 年代开始国外就着手相关研究,国内近年来逐步有科研机构与项目介入此类研究,但迄今为止此领域尚属前沿研究的范畴。国内外大跨度预应力混凝土梁桥的情况类似,普遍出现在投入使用不久就出现过大的主梁下挠现象,准确预测大跨度预应力混凝土箱梁桥的长期挠度仍然不是容易的事情。大跨度预应力混凝土梁桥的下挠问题具有普遍性和长期难以稳定的特点,不仅导致养护费用大幅增加,破坏桥梁的美观,而且对大跨度预应力混凝土梁桥的结构安全和使用性能均构成很大威胁。为深入了解预应力混凝土箱梁桥长期下挠与开裂的演化规律,为理论改进积累实测数据,世界各国都开展了大量长期的观察研究。荷兰对其 1968—1975 年建造的主跨为 112~139 m 的 5 座大跨度桥梁进行了长期下挠观测。Markey 等人对挪威的主跨 220 m 的 Støvest 桥进行了短期和长期性能监测。Kokubu 对日本 21 座预应力混凝土桥进行了监测研究。Robertson 对美国主跨 110 m 的 North Halawa Valley Viaduct 进行了长达 9 年的观测,实地了解了大跨度箱梁桥的短期和长期性能。Lark 等人对位于英国 Cardiff 郊外的两座大跨度预应力悬拼混凝土连续箱梁桥(主跨分别为 95 m 和 72 m)从建设期间起 17 年间的收缩徐变应变进行了长期观测。葡萄牙土木工程国家试验室对 4 座预应力混凝土箱梁桥的结构性能进行了长达十多年的监测。捷克工业大学的研究人员对多座大跨度预应力混凝土箱梁桥过度的长期下挠问题进行了深入调查和理论分析研究。这些研究为推动大跨度预应力混凝土箱梁桥病害形成机理起到了很好的推动作用。在我国,很多大桥往往是出现明显病害以后才进行观测,并不是出于研究目的,且从建成开始有针对性地对长期性能演化的研究很少。总体来看,国内外对长期下挠的规律研究还是少见的,其特征不完整或缺失,某种程度上与准确的长期数据收集困难有较大关系,不能有足够合格样本的数据进行相应的规律与特征研究,更深层的下挠机理与控制研究缺少基础数据的支持。

3.1.2 预应力混凝土梁桥结构材料性能研究现状

影响预应力混凝土箱梁桥长期下挠与开裂的主要结构材料为混凝土和预应力钢束。材料性能的长期预测主要指其时变性能的预测。学者 Bažant 认为混凝土收缩徐变预测的误差一般比由结构分析方法的简化所造成的误差要大,可以明确,对徐变敏感结构,如果没有采用一个合适的收缩徐变模型,无论采用多么精细的计算手段如有限元法等都将意义不大。

混凝土的收缩徐变符合实际的预测是一件非常困难的事,因为混凝土的收缩徐变是多个物理机理相互作用的结果,并且影响因素众多。自经历了 20 世纪 30 年代早期系统研究以来,并没有取得突破性进展,但近 20 年来,这些累积的进展可视为是巨大的,预测模型的精度较之前已大大改善,其进展体现在以下 4 个方面:

①相关理论得到完善。

②积累了大量试验数据,并建立了庞大的计算机化的数据库。

③试验数据的统计评价、收缩徐变预测模型得到优化。

④试件和结构的数值研究成为可能。

关于混凝土收缩徐变的国际会议已经开了多届,几十年来,表述混凝土时变特性的理论模型一直深受国内外混凝土研究人员的关注,提出的主要理论模型包括 CBE-FIP MC78/MC90/MC99、ACI 209R-78/82/92、RILEM B3、GL2000、NS3473、NCHRP496,以及 Bažant 和 Panula 的 BP、BP-2 模型等。从混凝土徐变预测模型的建立机理上区分,徐变预测模型主要分为两类:一类是通过大量试验数据的分布规律,构造出如双曲函数、幂函数、指函数类的预测公式,是早期徐变模型建立的主要方法,有代表性的为 ACI 209 模型。另一类是以理论分析为基础,建立预测模型的框架,根据试验数据回归确定模型参数。这类模型一般具有比较明确的物理意义,并随着理论的发展而不断发展完善,有代表性的包括 CEB-FIP 的 MC78/MC90 模型、B3 模型等。

几乎所有的混凝土收缩预测模型都是按照双曲函数或双曲幂函数构造,并通过试验和理论分析调整模型的拟合参数。现有的收缩徐变预测模型中,材料参数都是通过对大量试验数据进行回归拟合而确定的。其拟合数据的构成造成不同模型的预测精度具有差别,而且同一模型在不同加载龄期和不同时间的预测精度也是变化的。目前最好的模型收缩预测误差在 35% 左右,徐变在 20% 以上。

具体到预应力混凝土箱梁桥,其结构材料性能对结构长期下挠和开裂的影响体现在以下 5 个方面:①高强混凝土特性认识尚有不足;②箱梁结构特性对收缩徐变的影响方面认识不足;③外加剂对混凝土材料的影响认识不足;④荷载对混凝土时变特性的影响没有考虑;⑤对预应力长期损失的影响认识不足。相关的研究包括 Veen 对高强混凝土试验结果表明,计算结果低估了高强混凝土悬浇箱梁桥的时间依赖挠度。Rafael Manzanarez 指出裂缝在长期荷载或循环荷载的条件下宽度会出现 100% ~ 200% 的变化。其中反复荷载效应下裂缝开展的速率要显著高于持续荷载。Robert Benaim 认为跨中带铰的预应力混凝土悬臂施工箱梁桥,在运行若干年后跨中出现超出预期的下挠,部分原因是箱梁顶底板存在收缩差异,另外有证据表明目前常规的徐变计算低估了徐变时间和量值。Cousins 的调查表明,预应力损失预测方法方面针对高强混凝土进行了校正的预应力混凝土 I-BDM 和 NCHRP 496 方法较好。Mortensen 观察到箱梁桥的预应力损失大于其他梁型,并认为是大体表比的原因。North Halawa valley viaduct 桥实测结果表明,8 年内预应力的长期损失较成桥时的有效预应力可达 16%。Boer 比较了 CEB-FIP MC90 和 Euro code 2 收缩徐变模型预测某预应力混凝土连续箱梁桥 6 年内主跨中长期挠度的准确性,其结果表明,采用 Euro Code 2 的收缩徐变模型其挠度预测结果与实测结果较接近。

工程中随着承受反复荷载作用的结构以及高强混凝土、高强度钢筋的广泛应用,许多构件处在高应力幅状态下工作,使得预应力混凝土结构的疲劳成为一个不可忽视的问题。对全预应力混凝土结构,由于在工作荷载下全截面受压,各种材料的应力变化幅度不大,因此全预应力混凝土结构不存在疲劳开裂的问题。但对部分预应力混凝土,在恒载作用下不消压,在使用荷载作用下允许出现拉应力或裂缝,其构件截面应力(混凝土的拉压应力、预应力钢筋和非预应力钢筋的应力)变化幅度相对于全预应力混凝土大,结构构件及其组成材料在波动应力下会发生疲劳破坏。因此,在主要承受重复加载的结构中,部分预应力混凝土的疲劳性能成为研究的重点。

近年来,国内外部分预应力混凝土梁的疲劳性能试验研究表明,重复荷载作用对梁的抗裂性、挠度、裂缝、非预应力钢筋和预应力钢筋的应力等都有较大影响,其典型特征如下:

①在重复荷载下,无论是梁中预应力钢筋或非预应力钢筋的应力都随荷载循环次数的增加而有增大趋势。其增量的增加开始速度较快,约在 50 万次后逐渐趋于稳定。增量的大小与预应力度有关,预应力度小的梁其值增加快。

②预应力梁在重复荷载下正截面抗裂性主要取决于构件预应力大小及构件混凝土材料的抗拉疲劳性能。疲劳加载下裂缝截面受拉区混凝土的进一步开裂是导致裂缝宽度及钢筋应力增长的主要因素。由于受拉区混凝土的相对作用与初始开裂程度有关,所以疲劳加载对裂缝宽度及钢筋应力的影响取决于初始开裂状态。

③试验研究表明,梁的动载挠度比动载前的静载挠度有所增加。挠度的增量与梁的预应力度有关,预应力高的梁,挠度增长的比率小;反之,增长的比率大,基本呈线性变化。

④部分预应力混凝土梁的疲劳强度和钢绞线在空气中的疲劳强度相比,黏结好时,梁的疲劳强度比在空气中的钢绞线的高;黏结不好时,梁的疲劳强度将会大大降低。

⑤部分预应力混凝土梁梁体的裂缝宽度随加载周期有所增加,早期增长快,一定循环次数后基本保持不变或增加缓慢。裂缝宽度与钢筋应力呈线性关系。

3.1.3　大跨度预应力混凝土梁桥结构计算与设计方法研究现状

对箱形梁桥的空间分析,由于电子计算机的出现,几十年来已有长足的发展。目前较常采用的有梁格法、采用空间梁单元的矩阵位移法、采用板壳或实体单元的有限元法。

梁格法是 Liythgoot 和 Sawko 于 20 世纪 60 年代初首先提出的,实质是有限元法。该法是用等效梁格代替原来结构,通过计算梁格的内力和变形,近似求得原来结构相应处的内力和变形。梁格法概念易于理解,能满足实用精度,得到了广泛应用。但对复杂结构,刚度等效误差较大,其使用受到限制。

采用梁单元时,分析是建立在平截面假定及圣维南扭转假定的基础上的。通过引入合适的位移场,将箱梁断面上的各参数以结构轴线上的参数来表达,从而把箱形梁由实际的三维空间结构简化为一维结构,采用梁单元时具有结构自由度少、易于准备输入数据等优点。但计算结果受假设的位移场影响较大。对中小跨径及常规箱形梁的分析,采用梁单元是行之有效的方法。对较大跨度的箱形梁桥以及不断出现的各种异形结构箱形梁桥,初等梁理论中的基本假定很难得到满足,计算中采用的箱梁断面位移场与实际发生的断面位移之间存在很大出入,由此得出的分析结果远远不能反映箱形梁的实际受力状态和变形特性。需要在分析结果中补充考虑约束扭转的影响、断面形状变化及剪力滞等因素来改善计算精度。目前,梁单元分析法是我国桥梁工程界分析箱形梁的主要方法。

板壳单元通过假定变形前的中面法线在变形后仍然保持为直线并且忽略中面法线方向的正应力将断面参数仅仅用参考板壳中面的变量表达,从而将三维结构简化为二维结构。这种假定对由薄或中等厚度的壳组成的结构近似程度是很好的。常用的板壳单元有 Kirchhoff 板和 Mindlin 板两种类型,前者忽略了横向剪切变形,只适用于薄板;后者考虑了横向剪切变形,可以适用于中厚板。采用板壳单元分析箱形梁桥具有很高的分析精度,能够获得纵向应力在横向的分布规律,避免采用剪力滞系数来折算纵向应力。相对于梁单元,按板壳单元划分结构时,自由度数目将会增加很多。

实体单元直接对结构进行三维分析。采用实体单元可显著地提高分析精度并且能够很好地适应各种边界条件,对结构的细部分析可以获得接近实际情况的结果。但采用实体单元时,单元数目众多,计算难度非常大。箱形梁桥属于薄壁结构,采用实体单元有时会遇到数值计算的困难,出现病态求解方程。实际的箱形梁桥分析除了结构的细部,一般很少采用实体单元。

目前用于桥梁结构分析的软件大致可分为专业桥梁软件和国外大型通用有限元软件。专业桥梁软件针对我国桥梁规范进行编制,可以很好地用于桥梁设计中的结构分析,但大都采用杆单元,无法完成更为精细的空间应力分析。大型通用有限元软件提供了丰富的单元库,具有强大的空间应力分析和前后处理功能,但没有很好地考虑桥梁结构的材料和荷载特点,在实际进行桥梁结构分析时还有一些不足,主要表现在无法准确考虑预应力钢筋的各项损失、无法考虑混凝土收缩徐变影响等。

在预应力混凝土箱梁计算方法中,一个重要内容是收缩徐变效应本身的计算方法。目前混凝土结构徐变分析的方法主要有 Dishinger 法和扩展 Dishinger 法、有效模量法和龄期调整的有效模量法、中值系数法、分时步叠加法、增量形式递推法等。Dishinger 法又称为徐变率法、老化理论(RCM)。该法的基础由 Glanville 在 1930 年建立,其数学表达式由 Whitney 提出,1937 年 Dishinger 将之用于复杂结构的计算。Dishinger 法低估了徐变值,适于早龄期混凝土。当 RCM 盛行于法、苏及中欧国家时,英、美则钟情于有效模量法(EMM),EMM 由 Memill 于 1951 年提出至 Faber 于 1957—1958 年建立。EMM 只有在恒应力作用下才给出精确解,且适用于老龄期混凝土。参照线性黏弹时效理论的精确解,EMM 计算的误差方向恰好与 RCM 相反,当时工程界认为,一个可行的工程设计应分别采用这两种方法进行徐变效应分析且设计必须同时满足两种方法的计算结果。RCM 计算误差很大,甚至超过精确值的 50%,Bažant 和 Najjar、Nielsen 和 Ruseh 等建议将 RCM 和 EMM 结合起来,产生了扩展 Dishinger 法(IDM)。与 EMM 和 RCM 相比,IDM 极大地提高了结构徐变分析的精度,但与试验获得的不同龄期加载的长期徐变曲线吻合得不好,尤其对基本徐变的预测误差很大。RCM 和 IDM 的缺点在于为便于求解所作的一些假定与实际情况偏差较大,再者是多次超静定结构微分方程求解十分复杂,而 EMM 只能用于应力变化不大的情形。1967 年,H. Trost 引入老化系数(也称为松弛参数),建立了考虑徐变的混凝土应力、应变的代数方程表达式,既简化了计算,又提高了精度。1972 年,Bažant 对 H. Trost 公式进行了严格的论证,并将之推广应用于变化的弹性模量和无限界的徐变系数,提出按龄期调整的有效模量法(AEMM)。严格地讲,只有在下列条件之一满足时 AEMM 才给出精确解:①应变变化与徐变系数呈线性关系;②应力变化与松弛函数呈线性关系。目前 AEMM 是桥梁徐变分析的主流方法。

近几十年来,对节段施工预应力混凝土箱梁桥的研究多集中在考虑结构的平面弹性性能上,很少触及材料非线性性能的简化方法。同时,在设计中出现高估高强混凝土的力学性能、低估混凝土的长期徐变性能、忽视移动荷载对混凝土徐变性能的影响等问题。有研究表明,尽管主跨中断面和主墩断面弯矩变化不大,但应力却会产生较大重分布变化。结构极限承载能力由于结构的时变特性随时间增长而下降。在概念上,不同结构的不同响应对结构材料时变特性的敏感度是不同的。根据这种敏感度的不同,对结构进行分级以区别采用不同的计算方法是合理的。Bažant 首次据此将各种结构近似划分为 5 个级别,以分别对应不同的计算方法。对跨度大于 80 m 大跨度预应力混凝土箱梁桥,仅仅依赖按龄期调整的有效弹模法考虑时变效应已不充分。现有的收缩徐变预测模型对特定结构的适用性,如大跨度预应力混凝土箱梁桥结构,取决于回归试验材料与特定结构材料的匹配性。

针对特定结构实际采用的混凝土材料,对相关计算预测模型进行修正是提高模型长期预测精度较为可靠和有效的方法。加拿大学者对 Confederation 桥的计算分析表明,当不考虑开裂因素时,采用适当的线性分析方法可对大跨度预应力混凝土箱梁桥不同阶段的短期及长期挠度进行预测,且采用材料实际的时变参数可以改善挠度预测的准确性。ACI 和 RIIEM 等国际组织推荐通过短期试验获得的数据修正模型中的经验参数,以更准确地反映材料特性,提高收缩徐变长期预测精度的方法。

桥梁结构在计算承载力时考虑了混凝土强度的变异性,但在大跨度预应力混凝土梁桥的长期变形已经成为比承载力更突出的问题的情况下,在计算长期变形与内力时,却不考虑混凝土收缩、徐变的变异性,这是不合理的。针对目前时变模型采用材料性能均值且不能预测统计变异的缺点,各国学者利用敏感度分析、不确定性分析、统计分析等手段以及试验数据修正模型的方法,对预应力箱梁的长期性能进行了预测和控制研究。其中,Yang 提出不确定性和敏感度的方法分析预应力混凝土箱梁的收缩徐变效应,以及使用混凝土的早期测量数据,采用 Bayesian 统计理论来减小预测混凝土收缩徐变长期性能时的不确定性。葡萄牙国家土木工程试验室考虑混凝土收缩徐变的变异性,利用非线性回归和调整参数,使 CEB-FIP 的 MC90 模型与试验结果相吻合。Křístek 的研究表明,为了更高的可靠性,不可使用确定性分析,推荐基于混凝土的均值,采用具有 95% 可靠度的统计分析来预测长期挠度。除了模型调整的方法,采用统计方法进行长期性能预测控制,其思路均不以确定性的结构性能预测值为控制目标,而是采用概率的控制目标,即设立具有一定置信区间的结构性能变化范围,对超出范围的情况进行控制。其他一些预应力混凝土箱梁相关计算研究,包括 Vitek 的计算表明不考虑剪力滞后效应,25 年的挠度增长增加了 25%。国外对 6 座预应力混凝土梁桥的设计计算证明腹板允许拉应力考虑平面应力状态的必要性,腹板中管道的存在对截面强度有影响。

综合来看,对导致预应力混凝土连续梁桥长期变形的机理认识尚不充分,导致在对此桥型的计算分析体系中,长期性能预测计算方法一直没有合理的手段,各国规范大多采用经验性的修正系数法来粗略预测结构的长期变形,对大跨度的预应力混凝土连续梁桥基本是无效的。

3.1.4 预应力混凝土梁桥施工方法与工艺研究现状

为适应高速行车的需求,桥梁正向着"上部结构连续长度增加"的趋势发展,桥梁连续长度的增长意味着跨径的增大,跨数的增多。跨数的增多,合龙问题就显得复杂了。在合龙时体系转换会引起桥梁的位移和受力产生变化,合理的合龙方案、对合龙后产生的力与位移变化进行准确的计算、在合龙前采取一定的方法消除或减小因合龙对桥梁产生的变化,从而达到理想的成桥状态。

胡清和通过讨论多跨连续刚构桥合龙时的主要因素,得出边跨—中跨—次边跨的合龙顺序,提出了顶推量和顶推力的计算方法,指出两次顶推比一次顶推对桥梁的受力及纵向水平变形更有利。姚国文等通过对边跨不易架设支架施工现浇段的多跨连续刚构桥顶推的确定和不同施工合龙顺序下结构的应力、位移进行分析,得出施工安全、桥梁线性保证、经济合理的合龙顺序(中跨—次边跨—边跨)。侯国建就悬臂桥梁合龙段施工过程中的配重原理,详细介绍了配重施加的方法、施加的位置和配重的大小等以此保证桥梁合龙前后,体系转换完成结构的稳定。李建楼对连续刚构合龙段进行研究,在现场进行相关温度及应力测试,对桥梁合龙前后的应力进行跟踪观测并建立模型计算对比结果,阐述桥梁合龙前后的应力重分布情况。尚云飞以某特大桥工程辅航道桥合龙顺序研究为例,通过合理的软件模拟分析发现体系转换对整座桥梁的内力影响非常大,需要科学地制订合理的合龙顺序,从而使成桥的线性和内力达到理想状态。王锴研究了大跨长联预应力连续刚构合龙顺序对结构受力及线性的影响,并通过在桥梁合龙顺序不变的情况下,采用改变体系转换时间的方法对其进行优化,结合实际施工情况选择一种应力状态良好、挠动小的合龙方案,使整个合龙施工过程中梁体悬臂端的竖向位移变化较小,底板合龙口钢束张拉后混凝土的受力处于较低压应力的状态。刘沐宇等分析了不同合龙次序下对桥梁结构位移和应力的影响,最后采用边跨合龙—次边跨与次中跨同时合龙—中跨合龙的方式。周鑫等以七跨预应力连续刚构为例,考虑合龙方案中底板张拉束的顺序对降低合龙阶段的内部应力以及各个施工阶段变形产生的影响,应用挂篮的模板系统进行合龙施工,合龙段按照边跨—次边跨—次中跨—中跨的合龙顺序进行,保证桥梁精确合龙。

不同的跨径,施工环境不同,跨数的不同受力状况不同,采用的合龙方式也各不相同。不同的合龙方式对桥梁成桥后的受力和竖向位移有一定的影响,归结上述文献发现,常见的合龙形式如下:

①每次合龙一跨,从桥的一岸向另一岸推进,或从梁段向中间推进,或从中间对称交替向两边延伸,直至完全合龙。

②单 T 构先静定"小合龙",再按既定的顺序进行超静定"大合龙",即各墩顶悬臂施工形成 T 构以后,先两两合龙形成稳定的∏构,然后将各∏构逐个连成整体。

③大、小合龙方案的综合运用。多跨长桥桥墩多,需多工点同时施工,而挂篮数量有限,必须分批倒用,先后施工,现场情况又千变万化,十分复杂,往往使上述较理想的方案不能得到完全实施。

预应力连续梁及刚构桥合龙时,桥型体系转换为超静定结构形式,混凝土收缩、徐变、温度变化等都会对结构产生一定的附加内力,特别是对温度的敏感度较高。在合龙段施工过程中,合龙时的实际温度与设计温度可能会有偏差,此温差会使梁体产生位移,引起主墩偏位,产生二次应力。同样,后期的收缩徐变会使梁体产生竖向挠度和水平位移以及附加内力,造成主墩偏位,对主墩受力产生不利影响。为此,在连续刚构桥中跨合龙时对梁体施加一个水平顶推力,给主墩施加一个反向位移,以抵消合龙温差、后期收缩徐变等的影响。李圣慧等对连续刚构桥顶推作用进行了研究,合龙前顶推可以抵消由结构自重、混凝土收缩徐变以及合龙温度差引起的结构位移和应力,使得成桥后结构使用状态下的应力和内力处于安全合理的范围。焦庆通过某六跨连续刚构桥的多种合龙方案对结构变形内力进行分析,依据顶推方案优化,采用先合龙中跨,然后合龙次中跨,最后合龙边跨、次中跨两次顶推的合龙方案。不仅减小每次顶推的顶推力,而且每次顶推的结构均为静定的 T 构,有利于结构受力,分两次顶推可使合龙之后成桥线性均匀,无突变。王光辉等以某高墩大跨度预应力混凝土连续刚构桥为工程背景,在分析高温合龙对结构影响的基础上提出高温合龙的合理对策,即施加反顶力,且首次给出确定反顶力大小的计算公式。李亚林等以重庆忠县至垫江高速公路的高岩嘴特大桥为例,阐述了连续刚构桥合龙顺序为先边跨合龙再中跨合龙,对中跨合龙时的顶推力进行了计算,发现顶推后箱梁应力重分布较不顶推的情况合理,并对中跨下挠及箱梁开裂问题有一定的改善。

混凝土施工接缝的力学性能涉及接缝强度变化、接缝新老混凝土的黏结性能等问题。对混凝土施工接缝的力学性能研究具有深远的现实意义,多年来国内外学者们围绕影响它的诸多因素,有针对性地进行了大量的研究工作。

大跨度预应力混凝土箱梁桥采用悬臂浇筑法施工时,分段施工湿接缝处混凝土抗拉强度会明显降低,其降低程度对箱梁的抗裂性有较大影响。张开敬根据 17 片具有分段灌注施工接缝的预应力混凝土、部分预应力混凝土模型梁的试验结果,提出分段施工湿接缝混凝土抗拉强度降低系数的建议值,可供预应力混凝土、部分预应力混凝土梁设计时采用。钟明全等通过对具有分段浇注接缝的 3 片预应力混凝土和 6 片部分预应力混凝土简支梁的静力试验,研究符合实际桥梁施工节段龄期差和接缝凿毛程度以及接缝在静力作用下的弯曲性能,得出有关设计参数。张开敬等进行了 5 片具有分段浇注接缝的部分预应力混凝土箱形模型梁的试验,童兵等针对移动支架施工的 56 m 预应力混凝土简支箱梁的特点进行了模型梁试验,他们都发现接缝处混凝土抗拉强度有明显降低,接缝对梁的极限抗弯强度没有影响。

影响新老混凝土黏结性能的因素有很多,归结起来有以下几个主要因素:①结合面的处理方法;②修补材料的选择和使用;③黏结剂的选择和使用;④老混凝土基层的质量;⑤新补混凝土的养护条件;⑥修补结构所处的使用环境。刘健认为以上这些因素在不同程度上对黏结性能造成影响。其中,对老混凝土的表面进行处理是修补加固工作的第一步,表面处理是指除掉老混凝土结合面上所有损坏的、松动的和附着的骨料、砂浆及杂质异物,并使坚固的部分骨料露出表面,构成粗糙面以提高黏结性能。现在已经有多种处理方法,赵志方的研究表明可以分为物理方法和化学方法,物理方法又分为喷射处理和机械处理两种。喷射处理方法包括高压水射法、喷砂(丸)法、喷蒸汽法、真空喷砂法、喷烧法。机械处理方法包括钢刷划毛法、人工凿毛法、气锤凿毛法、机械切削法。化学方法为酸浸蚀法。

Caroline Talbot 的研究表明,表面处理对黏结质量的影响是巨大的。管大庆等认为经过表面粗糙处理的一定比没有处理过的黏结性能好。在工程实际中对如何进行表面处理及相应的工序也有研究。在国外,已经出台一些表面清洁处理的工业标准。粗糙程度越大,黏结性能越好,已经成为人们的共识,但粗糙程度应该有一定的限制,过高的粗糙度反而会降低黏结性能。采用喷射处理的一般比机械处理的黏结性能好,前者与后者相比较,对结合面的损伤程度小,产生的微裂纹小,且表面清洁效果好。

老混凝土表面处理后会形成一定的粗糙度,因为粗糙度中包含了黏结面微观机理和基本信息,是混凝土微观结构以及其他复杂因素的综合反映,同时也是影响黏结性能的重要因素,所以对粗糙度进行定量描述是必要的。赵志方对粗糙度的测量方法进行了研究和总结,新老混凝土黏结面粗糙度有以下几种测量方法:通过触针式粗糙度测定仪可以将老混凝土表面的形貌精确地测量出来;用分数维法测得老混凝土表面的分数维值;灌砂法;硅粉堆落法;观察法。

目前,用于新老混凝土黏结性能测试的试验方法有很多,主要是对抗拉性能和抗剪性能的测试。现场直接抗拉试验法可以在现场直接测定黏结质量和强度,具有准确性和可靠性,已经被 ACI 推荐作为一种标准试验方法。Simon Austin 和 P. J. Robins 对该方法从试验和有限元分析的角度多方位进行研究。劈裂抗拉试验和弯曲抗折试验则是间接的抗拉试验方法。直接剪切试验方法虽有提及,但研究较多的还是斜剪试验,对影响斜剪强度的因素,如倾斜角度、粗糙度等及相应的界面处的应力分布都有充分的研究。赵志方等采用 Z 形试件进行了拉剪试验。George Z. Voyiadjis 对修补后的混凝土进行二轴试验,分析研究在拉压二轴力的作用下应力应变的分布情况。F. Saucier 设计了一种压剪试验装置,可以有效地用于研究新老混凝土黏结的耐久性问题。Nakazawa 进行了环氧接缝直接剪切试验,试验参数为接缝表面粗糙度、环氧层厚度和预应力水平,发现粗糙表面试件的抗剪强度比光滑表面试件的抗剪强度大。Mourad

Michel Bakhoum(1991年)对预制混凝土节段式桥梁接缝进行了试验研究和有限元分析。试验参数包括接缝类型(干接缝和环氧接缝)、预应力水平、环氧层厚度(1 mm、2 mm 和 3 mm)以及循环加载的大小。有限元分析主要分析了试验没有考虑的参数,并与试验结果进行对比,给出针对预制混凝土节段式桥梁接缝抗剪设计的建议。Xiang ming Zhou、Neil Mickleborough 和 Zong jin Li(2005年)研究了预制混凝土节段式箱形梁桥接缝的抗剪强度,试验参数包括接缝类型(平面接缝和剪力键接缝、干接缝和环氧接缝、单剪力键接缝和复剪力键接缝)、预应力水平和环氧层厚度,试验结果表明,接缝抗剪强度随预应力的增大而增大,环氧接缝抗剪强度一般大于干接缝抗剪强度,但环氧接缝破坏更具脆性,试验结果与 AASHTO 等规范进行了对比,发现 AASHTO 等规范总是倾向于低估单剪力键接缝和复剪力键环氧接缝的抗剪强度,而高估复剪力键干接缝的抗剪强度。

预应力混凝土梁桥结构在预应力钢筋张拉施工中,预应力钢筋的总张拉力应为控制张拉力与预应力损失之差。就大跨度梁桥结构而言,在各项预应力损失中,预应力束孔道摩阻损失是主要的,而其预应力损失的计算如果按照规范方法往往存在较大偏差。为此,相关研究人员对长束预应力摩阻损失开展了广泛研究。吴建军等在现场测试的基础上,提出在长束预应力张拉施工时,应根据现场实测的摩阻计算参数(摩阻系数和孔道偏差系数)计算张拉过程中的预应力损失,并提出一种用分级反向张拉测试长束预应力钢筋束管道摩阻损失的有效方法。彭小明在进行大跨度连续梁孔道摩阻试验的研究中,指出张拉施工通常长束预应力损失较大,建议施工中需采取有效措施减少摩阻损失或弥补有效预应力,并指出预应力钢筋孔道偏差系数 k 值取设计规范中的较大值。邹焕祖等对预应力混凝土空间长钢铰线束孔道摩阻损失的方法展开较系统的研究,提出一种计算孔道摩阻损失系数及偏差系数的极值原理求解法,并对所提出的方法进行试验验证,结果表明其精度满足工程要求。

3.1.5　预应力混凝土箱梁开裂与长期下挠防治技术研究现状

预应力混凝土箱梁开裂与下挠病害的控制可分为旧桥控制和新桥控制两类。由于预应力混凝土箱梁桥是结构承载体系和预应力体系平衡的结果,因此对旧桥结构状态改变最有效的方法就是调整预应力体系。预应力很早就有应用,最早的预应力概念毫无例外是体外的,在现代结构工程中也是如此,体外预应力的运用是在体内预应力运用之前。1934 年德国工程师 Dischinger 首创对结构施加体外预应力技术,并取得专利。很快他认识到混凝土的徐变、收缩效应(应变随时间变化的黏弹性效应)会导致预应力逐渐损失,为此他希望保留预应力钢筋以便能够再次张拉以克服这一效应,并于 1937 年设计建造了世界上第一座预应力及体外预应力混凝土桥梁,即德国 Aue 桥。该桥一直运营良好,1962 年和 1983 年经历两次维修,并对预应力钢筋进行了重新张拉,至今仍使用良好。在 Freyssinet 的影响下,一家法国公司于 1938 年首先设计建造了预应力钢束靠黏结锚固的先张法桥梁。随后各国工程师均认识到体内有黏结预应力结构形式所具有的优势,即在极限状态下具有更高的使用效率,包括能得到更高的偏心距和钢束极限应力,以及钢束受到周围握裹混凝土的自然保护而免于环境腐蚀。反之,体外预应力技术先天的防腐不足加上养护的问题,使许多桥梁在建造不久即出现钢筋锈蚀,甚至有些桥梁的预应力钢筋在完工后不久便需进行更换,使其在随后的 30 年在实际工程中应用极少。可以说体外预应力钢束的腐蚀制约了其发展。20 世纪 70 年代以来,随着斜拉桥的发展,斜拉索的防护问题不断地得以解决和完善,同时其相关技术大量应用于解决体外预应力束的防腐问题,从而使制约体外预应力结构发展几十年的关键因素——钢束防腐蚀问题得到很大程度的解决,这大大促进因腐蚀问题而停滞不前的体外预应力桥梁的发展。瑞士对 3 座大跨度预应力混凝土箱梁桥(Lutrive bridge、Chillon bridge 和 Fégire bridge)加固的研究表明,体外束是一种有效的下挠控制技术。当然在使用预应力技术调整结构内力的同时,对裂缝进行修补,恢复损失的刚度也是必要的控制手段。新桥开裂与下挠控制的难点在于可靠的长期时变性能预测算法的缺失,其次是控制算法和控制标准,即根据预先计算变形与内力的关系在一定的控制标准下进行变形和内力调整。目前新桥设计中高强材料的使用、更大的结构跨度,使得结构柔度增加,对挠度合理控制提出了更高要求。同时预应力混凝土箱梁桥长期时变性能研究成果少,长期性能的控制研究难度比较大,相关成果更少。Young Hak Lee 在前人的基础上发展了基于效用理论(Utility theory)的挠度控制,平衡了初始建设费用和考虑在服务荷载下结构性能的不确定性所导致的潜在维修费用。

陈宇峰等针对大跨度预应力混凝土连续刚构桥存在的跨中持续下挠和箱

梁的开裂问题,从混凝土收缩徐变、预应力损失及箱梁的开裂 3 个方面分析了各自对跨中持续下挠的影响,并发现很难通过精确的徐变计算来评价跨中下挠,根据徐变产生下挠的机理提出了一些预防措施。齐东春等就大跨度连续刚构桥跨中下挠过大的原因——混凝土收缩徐变、主梁刚度的变化,纵向预应力的有效性,竖向接缝质量对后期变形的影响,预拱度设置偏差,汽车活荷载长期效应的影响,施工质量和超载车辆的行驶进行分析,并在此基础上提出在设计、施工、施工控制和运营管理上的改进措施。王法武等根据国内大跨度预应力混凝土梁桥存在的跨中下挠过大和箱梁梁体裂缝主要病害,对跨中下挠过大的主要原因进行分析,采用大跨度预应力混凝土梁桥的线形控制和恒载零弯矩理论提出控制跨中下挠过大的一些技术措施。杨杰针对目前大跨度预应力混凝土连续刚构桥出现的跨中后期下挠过大病害,研究影响跨中挠度的主要因素;借助有限元计算软件并结合工程实例,利用体外束、改变底板束布置形式的方式控制跨中后期下挠,得出顶板和腹板的有效预应力失效是跨中下挠过大的主要因素,同时腹板预应力失效会造成主桥截面的主拉应力明显增大,而底板预应力的失效对跨中挠度影响并不明显;《公路钢筋混凝土及预应力混凝土桥涵设计规范》(JTG 3362—2018)中预应力损失计算公式,对长索摩擦损失计算公式的 μ、k 参数的取值偏小,导致应力损失计算不准确。采用体外预应力提供竖向预应力抑制裂缝,实际效果较好而且可调整,但目前体外束一跨单折点和二折点的布置形式存在明显缺点,提出的腹板斜向预应力束的布置方式弥补了一跨单折点和二折点体外束存在的不足,提出的底板束采用直线布设方式,消除了大跨度预应力混凝土连续刚构桥跨中合龙段出现崩裂的隐患,同时抑制了跨中后期下挠过大,在同一种工况下采用直线底板束的跨中下挠值比原设计的下挠值小很多。采用直线底板束后,使主跨跨中的最大正弯矩降低,使最大正弯矩转移到 $3L/8$ 处,更充分有效地发挥了其截面特性。直线底板束使主梁应力状况明显改善,使主梁跨中下缘容易出现的主拉应力转为主压应力,增加了跨中处的主拉应力储备,抑制该处裂缝产生。刘沐宇等为探明局部使用高强轻质混凝土对连续刚构桥上部箱梁长期挠度带来的影响,根据一座预应力高强轻质混凝土连续刚构弯梁桥的结构特点,采用有限元理论对该桥在不同荷载长期作用下箱梁竖向挠度的时变效应进行空间计算和分析,并与相同结构尺寸的普通混凝土连续刚构桥在同一工况下的长期变形效应进行对比,在恒载作用下,应用高强轻质混凝土的大跨度连续刚构桥,成桥 5 年后,主跨跨中挠度可较普通混凝土桥减小,持载时间对高强轻质混凝土连续刚构桥后期挠度较普通混凝土桥减小程度较大,荷载作用时间越长,后期挠度减小幅度越大,高强轻质混凝土的长期性能对局部使用高强轻质混凝土连续刚构桥的长期变形有重要影响。郑勇等通过对主跨为 120 m 的连续刚构桥分别采用普通混凝土和轻质高强混凝土进行试设计,对上部结构几何尺寸、预应力钢筋配束等进行优化,并对结构优化与经济指标进行对比分析:①轻质混凝土的使用可减小上部结构尺寸。主梁根部高跨比可降至 1/20.6 以下,跨中高跨比可降至 1/83 以下,根部底板厚跨比可降至 1/250,腹板最小厚度可降至 32 cm;②轻质混凝土的使用可节约上部结构混凝土及预应力钢材用量,降低工程造价。结构尺寸相同时,轻质混凝土的使用可使预应力钢材用量减少 15.4%,经过尺寸优化,混凝土用量最多可减少 15.3%,即使结构尺寸减小较多,轻质混凝土桥预应力钢材用量仍比普通混凝土桥小;③轻质混凝土的使用可显著降低主梁自重,经尺寸优化最大可降低 30.5%。马振栋等对重庆石板坡长江大桥复线桥主跨设置具有主动调节和更换功能的体外索,研究得出可利用体外索作为主动调整结构线形、改善内力和应力以及控制后期跨中梁体下挠的必要手段;体外索的线形和数量要以平顺少转折为原则,根据结构本身的特点,通过精心设计和优化确定最优方案;可采用体外索对混凝土结构收缩徐变导致的下挠进行控制;体外索对桥梁线形的控制比较有效,而对主拉应力的改善不明显。

混凝土结构在自然环境、使用环境以及材料内部因素的作用下,随着时间的推移,其材料会逐渐老化,结构性能会逐渐劣化,出现损伤甚至损坏,这是一个必然的过程。但是,近年来对部分大跨度预应力混凝土梁桥的检测发现,部分桥梁由于预应力管道压浆不饱满,使预应力钢筋产生严重锈蚀,进而使跨中下挠加剧。虽然我国的预应力混凝土桥梁因预应力钢筋锈蚀而整体失效的例子比较少见,但是国外有不少在役桥梁因预应力钢筋锈蚀而导致桥梁倒塌或者重建,预应力钢筋锈蚀将影响桥梁的耐久性,甚至安全性。目前国内外主要通过保证预应力管道压浆饱满和寻找新的预应力技术来避免预应力钢筋锈蚀问题的发生,着眼事前控制。但是桥梁建设时的环境、建设工期及施工技术和设备等限制,致使在役预应力混凝土桥梁管道压浆质量问题突出,预应力钢筋锈蚀的可能性较大,特别是大跨度桥梁。与此形成对比的是,我国对防止预应力钢筋进一步锈蚀的管道补压浆技术研究仍然很少。受桥梁建设时经济条件和施工水平等因素的影响,我国预应力管道压浆质量问题比较突出。当前,我国的桥梁建设已从建设期逐渐转入养护期,防止大跨度桥梁的"生命线"——预应力钢绞线进一步受到腐蚀已刻不容缓。对管道压浆质量存在问题的桥梁进行补压浆技术的研究已迫在眉睫,形成比较成熟的预应力管道补压浆技术对保证我国众多后张预应力混凝土桥梁的耐久性和安全性意义重大。

国内外大跨度连续刚构桥梁普遍存在跨中下挠现象,严重影响行车安全及桥梁结构的耐久性,找出切实可行的方法解决该类桥的问题具有重要意义。轻骨料混凝土比普通混凝土容重低,可以大幅度降低桥梁自重,对大跨度刚构桥梁的下挠有较好的作用。轻骨料混凝土(简称 LWAC)由人造粗骨料、普通砂、水泥和水配制而成,干表观密度不大于 19.5 kN/m³。高强轻质混凝土(High-Strength Light Weight Concrete,HSLC)是指利用高强轻质粗集料(高强陶粒)、普通砂水泥和水配制而成的干表观密度不大于 1950 kg/m³,强度等级为 LC30 以上的结构用轻质混凝土。次轻混凝土,在国外又称为特定密度混凝土,它是在轻集料混凝土中用普通粗集料定量取代部分轻集料配制而成的一种比轻集料混凝土重,但比普通混凝土轻的过渡性混凝土。使用高强轻质混凝土结构的优点有:

①减轻梁体自重,增大桥梁的跨越能力。目前在大跨度公路桥梁中,梁体自重占全部设计荷载的比例很大,而且跨度越大其比例越高。连续刚构桥在跨径接近 300 m 时恒载耗用结构承载力已达 90% 以上,如果仍采用普通混凝土建造,必不经济。而采用 HSLC,因其自重比普通混凝土降低 20% ~ 30%,故能有效地增加桥梁跨度。

②减低梁高。对平原地区的桥梁,可降低路线标高,减少路基土石方数量及台后填土的数量;对跨线桥或城市立交桥,可减少引桥的长度,减小路线纵坡;对有通航要求的桥梁,既可以保证桥下净空,又不至于抬高路线标高,从而减少占地拆迁面积,并可获得良好的景观效果。

③提高桥梁的耐久性,延长桥梁的使用寿命。HSLC 具有比普通混凝土更好的抗渗、抗冻性,且无碱骨料反应,具有良好的耐久性,这一点已被欧美国家大量的工程实践所证实。耐久性的提高,本身就具有巨大的经济效益。

④抗震性能好。大跨度桥梁的地震破坏由两个方面引起:一是地面的运动

振动桥梁基础；二是上部结构的不协调振动。HSLC 自重轻，弹性模量低，在地震作用下 HSLC 桥所承受的地震力相对较小，振动波的传递速度较慢，且结构自振周期较长，对冲击能量的吸收快，能使地震对上部结构的破坏作用减小。

⑤降低工程造价。使用 HSLC 因减轻桥梁自重，故可减小上部结构尺寸，节约上部结构材料用量，上部结构重量的减轻可相应减少基础工程量，上部结构施工节段重量的减轻可降低施工难度或可增大施工节段长度以减少工期，这些都将节约工程投资，降低工程造价。

必须指出，轻质混凝土的收缩徐变较一般混凝土大，其时变特性有所不同，使用不慎易导致不利后果，如采用全轻质混凝土的美国鹦鹉渡口桥。

箱梁内增设劲性骨架的加固方法，一方面对下挠不是很严重的结构，可以增强截面刚度，遏止进一步的下挠和其他病害的出现；另一方面对下挠已经很严重且裂缝比较多的结构，可起到补强的作用，再辅助其他加固方法（如体外预应力），能很大程度改善桥梁线形。目前相关应用并不多，需要进一步的研究完善。

3.1.6　混凝土桥梁徐变的研究历史和现状

在 19 世纪前，混凝土就被应用在工程中。I. H. Woolson（威尔逊）发现，混凝土在钢管中高轴向的应力作用下会有流动现象；ASTM（美国材料试验学会）第一个发布了钢筋混凝土梁的相关徐变资料；F. R. Mcmillan（姆克米莱）在加载和不加载情况下，分别进行了混凝土的依时性变形试验；E. B. Smith（史密斯）在 ACI（美国混凝土学会杂志）上发表了关于混凝土徐变与徐变恢复的试验结果。1931 年，R. E. Davis（戴维斯）等科学家系统性地分析了混凝土的徐变性能，历时约 30 年才对徐变有了较明确的认识。

自 20 世纪 30 年代末往后的 30 年间，弹性徐变理论、老化理论、继效流动理论和有效模量法相继被提出，这使得关于混凝土的徐变理论计算方法更加完善，但是关于其计算只有靠手算和统计，具有非常大的局限性。

自 1970 年起，随着徐变理论在实际结构中的广泛运用，国内外提出多个混凝土收缩徐变预测模型，并在计算机技术和计算理论两者结合上取得比较大的成功，能够比较准确地实现徐变效应的计算和预测。

（1）混凝土徐变预测模型的研究状况

1970 年，欧洲混凝土委员会-国际预应力协会（CEB-FIP）提出混凝土徐变计算 70 模型，随后修正了 70 模型，最后得出 UCEB-FIP78 模型、CEB-FIP90 模型。《公路钢筋混凝土及预应力混凝土桥涵设计规范》（JTJ 023—1985）使用 CEB-FIP78 模型计算混凝土的徐变收缩效应，《公路钢筋混凝土及预应力混凝土桥涵设计规范》（JTG 3362—2018）使用 CEB-FIP90 模型计算混凝土的徐变收缩效应。

美国混凝土学会 209 委员会（简称 ACI 209 委员会）成立后，相继提出 78 模式、82 模式和 92 模式。其中，92 模式的基础是 78 模式和 82 模式。92 模式运用科学手段，对影响混凝土徐变收缩的因素进行研究，再动态地修正相关参数，使得徐变理论更加完善。

美国科学家 Z. P. Bazant 等在 1978 年和 1980 年发表了 BP 模型和 BP-KX 模型，将徐变分为两种形式：一种是基本徐变；另一种是干燥徐变。1995 年，在前两种模型的基础上，又发布了更加简单的 B3 模型。

1982—1986 年，我国建筑科学研究院根据前人的总结和自己的相关分析，发表 1986 模型，该模型用来计算轻骨料混凝土和普通混凝土的收缩徐变，我国有些设计规范已经将其录用。由于混凝土材料性能的不断发展，1986 模型在很多结构的计算过程中具有较大的局限性，必须对其进行修正，才能更好地应用到现有结构计算中。

1993 年，K. Sakata 组建了日本土木工程师协会，随后发表关于混凝土徐变预测模型——SAK 模型。该模型先预测出干燥徐变和基本徐变两者的极限值，并用徐变度的概念来解释两者极限之间的联系。

2000 年，N. J. Gardner 等发表 GL2000 徐变预测模型。根据该模型得出的混凝土徐变，一共有 3 种方法：①测量出混凝土抗压强度和弹性模量，再用它们修正混凝土骨料的刚度；②运用 $\Delta(t)$ 因子，调整加载前混凝土内部水分流失的影响；③以工程设计时的数据为基础，用来预测徐变。

2008 年，北京交通大学王元丰、曹健等以 B3 模型为基础，比较全面地考虑了混凝土徐变在干湿循环中的情况及混凝土徐变的各种影响因素，发表了新的混凝土徐变预测模型。

到目前为止，有关预测混凝土徐变的计算方法基本都是经验公式或者半经验公式。国内的很多研究者对比分析了关于不同混凝土徐变模型计算结果,结果显示都存在一定的差别,每一个徐变模型所适用的条件是不一致的,在选择徐变模型时,需要综合考虑实际情况才能有更加准确的精度。

(2)施工阶段混凝土徐变研究概况

施工控制可以确保施工过程中的安全,并且能系统地给出有效建议来完成桥梁建设。施工控制主要分为应力监测以及线形控制,运用应力和变形的监测结果,通过相关分析,达到对桥梁线形的控制。1980 年,日本在预应力混凝土连续刚构桥施工中首次采用施工控制技术,其主要内容是监控应力和挠度等参数的变化,最终此桥成功建设完成。在施工控制过程中,有着许多对桥梁建设的不利因素,如温度的影响、钢筋预应力的损失和混凝土的徐变收缩等。在众多不利因素中,最复杂的就是混凝土的徐变收缩效应。在桥梁施工时,混凝土的徐变收缩影响测量的应变,假如没有考虑这种因素,则会导致挠度的监测结果严重偏离真实情况,使桥梁施工监控结果出现严重错误。随着施工进度的增加,混凝土徐变引起的变形会越来越大,如果使用不考虑徐变的预拱度进行设置,就会严重影响桥梁线性,导致成桥后的线性跟设计值相差很大。

国内外的很多科学家研究了桥梁施工阶段混凝土徐变效应的影响,并得到了相关分析结果。2006 年,Sungmoon Jung 等发表 Self-learning simulation 法,这种方法可以对桥梁结构未来状态进行一定的预估,对位移测量中的混凝土时间依存性能进行分析。根据这种方法获得的相关信息,可以有效地运用到施工阶段位移的控制中。

2008 年,湖南大学的朱宇锋等对比分析了 3 种不同徐变计算方法,得出在悬臂施工过程中产生的施工预拱度不同的结论。这 3 种徐变计算方法分别是不考虑混凝土徐变、按新规范中混凝土徐变及按旧规范中混凝土徐变。

东南大学的学者在研究大跨度钢筋混凝土桥梁施工期间的徐变效应过程中,以按龄期调整的有效模量法为基础,在大型有限元计算软件 ANSYS 中,编制能够用于混凝土徐变计算的分析模块,并将此分析模块应用到实际工程中。

近几十年,虽然混凝土徐变效应在理论研究方面得到大幅提高,但是由于混凝土徐变本身相当复杂,导致混凝土徐变对预拱度设置等方面的影响仍然不能被完整地解释,需要更加深入地研究桥梁施工过程中混凝土徐变效应的影响,才能使桥梁施工控制及预拱度设置的价值被体现出来。

3.2 连续刚构长期下挠的主要因素分析

起初的研究一般认为混凝土徐变是造成长期挠度增长的主要因素。但通过实测数据和数值分析比较研究表明,其他因素的影响同样非常大。混凝土收缩徐变的长期效应、预应力钢束的松弛对结构挠度、纵向应力和内力有重要影响。既有的调查结果认为,造成桥梁理论和实际线形差异的原因在于理论模型对预应力损失不准确的估计、受拉裂缝的存在以及交通的振动效应。目前,国内外比较认同的导致预应力混凝土箱梁过度下挠的主要原因包括:①箱梁混凝土收缩徐变的合理考虑;②对预应力长期损失估计偏低;③混凝土的开裂;④施工方法(特别是合龙方式)导致的不利的成桥应力状态等。

3.2.1 设计因素分析

如不考虑混凝土开裂、老化等结构刚度逐步退化引起的结构变形长期增加,过度下挠则意味着结构内力较设计预期发生了较大偏离。部分桥梁设计过分追求结构轻巧与经济,使得箱梁结构断面尺寸取值偏小(截面尺寸偏小、腹板较薄,导致抗剪强度不足、主拉应力超限是桥梁损伤重要的内因)、主要截面配筋数量偏小,造成梁体刚度偏低,设计安全储备小。从设计角度看,影响设计内力与实际结构内力有较大差别的因素包括结构计算方法因素和材料时变模型因素。

(1)结构计算方法因素

结构计算方法与长期下挠相关的涉及两类计算,即普通的结构计算和收缩徐变计算。目前,预应力混凝土梁桥设计计算普遍使用的是基于杆系有限元的结构计算体系,对大跨径箱梁存在一定的不适应性,具体表现在对预应力混凝土箱梁剪力滞后效应、约束扭转(含翘曲)下的正应力和剪应力不能考虑,断面应力的非均匀性分布反映不充分,使得与断面应力点相关的预应力损失与实际差别较大,实际预应力往往没有设计期望的高,预应力混凝土箱梁的变形是结构体系与预应力体系两个作用、效力完全相反的体系相互平衡的结果,实际预应力的小偏差将对结构变形产生较大影响。收缩徐变计算方面,目前设计上普遍采用按龄期调整的有效模量法（AEMM），本质上，AEMM 是一种精度较高的逐步计算方法，对收缩徐变影响计算不准的原因除了混凝土材料的收缩徐变模型外，箱梁结构体对收缩徐变的影响没能在计算中体现，断面上采用相同的徐变系数和收缩终值，与实际箱梁断面的收缩徐变的分布与发展不一致。

（2）材料时变模型因素

预应力混凝土梁桥的材料时变模型主要包括混凝土的收缩徐变模型和预应力损失模型。收缩徐变模型虽然历经几十年的发展，但预测混凝土的时变特性时误差仍然高达 20% 以上。另外，现有主流模型对配筋对收缩徐变的影响、早期动载的影响、外加剂对混凝土材料的影响，以及桥梁用高强混凝土特性等考虑不充分。采用挂篮悬浇法节段施工的大跨径预应力混凝土梁桥，施工周期长，时间跨度大，先期浇筑与后期浇筑的混凝土收缩徐变系数相差较大。当混凝土的应力较大时，混凝土收缩徐变引起的预应力损失也较大。大桥合龙后混凝土的收缩徐变将进一步影响结构内力，并产生较大的结构变位。目前，收缩徐变理论还不完善，不同理论体系所得到的收缩徐变影响值不同。当结构各项设计指标均满足规范要求时，采用不同计算方法所得到的收缩徐变值的不同不会影响结构安全。但当结构设计存在不足时，尤其是当结构尺寸较小、混凝土的应力较大时，这种差异不可忽略。混凝土收缩徐变是大跨径预应力混凝土梁桥主梁下挠不可忽视的因素。

预应力模型方面则是对长期损失的影响认识不足，主要是因为预应力损失与结构应力和收缩徐变变形耦合很难有准确的预测模型。在预应力混凝土桥梁结构中，实际的有效预应力本身是未知参数。目前，在设计和施工时仅仅靠理论公式估算各项预应力损失而得到其计算值，若计算值与实际值偏差较大，则会影响结构的使用性能和寿命。

设计方面的因素总体看是对导致预应力混凝土连续箱梁桥长期变形的机理认识尚不充分，导致在此桥型的计算分析体系中，对长期性能预测计算方法一直没有合理的手段，PCI 等各国规范大多采用经验性的乘子系数法来粗略预测结构的长期变形，对大跨度的预应力混凝土连续箱梁桥基本是无效的。

3.2.2　施工因素分析

施工方面的因素主要从结构体系与预应力体系两个方面看。结构体系方面主要因素是梁体的制作偏差,引起结构超方、接缝质量不良等;预应力体系方面在于施工时预应力管道的平顺性(节段施工的接头处)与定位偏差导致实际有效预应力与预应力效应的差别。早期建造的大跨径预应力混凝土梁桥有相当一部分未进行专项施工控制,施工中标高控制误差很难避免。各悬浇步骤施工时间相差大,部分梁段一个循环时间缩至 5 d(混凝土龄期不到 3 d),致使预应力损失及成桥徐变挠度增大。梁顶标高偏差而增厚桥面铺装,使得主跨跨中荷载增大造成下挠增加。

3.2.3　运营因素分析

养护方面主要的影响因素包括长时间大流量的交通,导致活载徐变效应出现。另外,结构破损、漏渗水等病害不及时处理导致预应力损失和引发开裂与下挠的复杂耦合效应。

(1)交通流量的影响

大跨径预应力混凝土梁桥在建成开始,车流量较小,但随着当地经济的迅速发展,公路交通流量明显增大。目前车辆超载普遍,超过桥梁设计荷载的车辆频繁过桥,导致桥梁关键部位出现无法恢复的变形,同时流量巨大对桥梁而言已等同于恒载,形成所谓活载徐变,造成主跨跨中异常的过度下挠。长期超载与大流量交通使用是诱发桥梁长期下挠的重要外界条件。

(2)材料的长期劣化

影响混凝土劣化的因素有很多,主要有混凝土的碳化、氯离子侵蚀、碱骨料反应、混凝土的冻融破坏、混凝土表面磨损等方面。钢材的劣化主要指混凝土中钢筋(包括普通钢筋和预应力钢筋)锈蚀。影响混凝土中钢筋锈蚀的因素有很多,主要有混凝土 pH 值、环境温度、氯离子浓度、混凝土的电阻抗、孔隙水饱和度与相对湿度、水灰比、养护龄期、保护层厚度以及水泥品种与掺合料等。

(3)混凝土的开裂

结构开裂是一个复杂的问题,涉及设计、施工和管养多个环节。结构一旦形成,就有了一定的或不变的刚度,引起结构刚度减小的可能因素是结构截面受到削弱。大跨径预应力混凝土梁桥的主梁下挠常常伴有大量的裂缝产生、发展。主梁开裂是结构刚度发生持续变化的主要原因。同时,开裂将引发复杂的收缩徐变、预应力与结构开裂的耦合效应,徐变变形、预应力束的预应力损失及结构开裂将持续恶化,其不利影响将形成恶性循环。

(4)预应力长期效应

即使假定计算值较为精确,结构经过多年的使用,在自然环境、使用环境和材料内部因素的作用下,结构性能是变化的,加上管道不顺直、定位筋失效、预应力钢筋锈蚀、混凝土长期收缩徐变估计不准确等因素,都会导致预应力钢筋有效预应力无从把握。在对预应力混凝土梁桥预应力病害检测时,经常发现锚头外露、梁体开裂、压浆不饱满、管道渗水、钢绞线锈蚀等病害。某主跨 245 m 五跨连续刚构桥的检测分析表明,主梁正弯矩区底板和负弯矩区顶板纵向预应力有效性的降低都会使主梁跨中产生下挠,是大跨径预应力混凝土梁桥主梁跨中持续下挠的主要原因之一。

(5)影响长期下挠各因素的时间轴演化机理分析

预应力混凝土箱梁桥具有优良的力学性能,值得注意的是预应力混凝土箱梁桥是一种"三敏感"结构,即温度敏感、空间效应敏感和时变效应敏感。在某种意义上,预应力混凝土箱梁桥的"三敏感"特性决定了箱梁桥容易出现长期下挠与开裂的病害。根据部分桥梁的竣工验收资料(报告),多数箱梁在竣工时是没有开裂的,若干年后发现出现结构开裂及下挠病害。这里存在一个先出现开裂还是先出现下挠的问题,从目前的认识来看,开裂必然导致下挠,但下挠是否导致开裂及先开裂还是先下挠的问题尚存争议。预应力混凝土箱梁开裂的原因有很多,主要包括计算及规范方面的缺陷、材料老化、材料时变模型的预测准确性、若干年后交通荷载的变化等因素。桥梁施工完成后,按原计算和设计确定的结构承载力就确定了,是不随时间变化的,但材料的时变特性(含老化)及交通流量的变化是不确定的。因此,不能排除材料老化及时变特性预测模型导致的结构抗力不足引发时变性开裂,有必要通过参数分析确定这一因素的影响程度。就下挠而言,只有两个因素即结构刚度退化和结构常存内力发生变化,其中刚度退化来自结构开裂和材料老化,内力变化来自预应力随时间的变化和混凝土材料时变(收缩徐变)引起的内力变化。一般而言,3～5 年时间,混凝土的老化影响很小,从调查的情况看,在运营初期开裂的情况不是普遍现象,如果出现下挠现象,表明结构内力发生较大变化是主要因素,这一时期从报告的实测数据分析,是挠度从高速发展到平缓段的转折点,符合一般认为的收缩徐变等混凝土时变特性大部分完成的时间,具有较大的导致结构开裂的可能性(内力变化速率达到峰值)。综合以上分析,在通常情况下(没有施工期间开裂、严重的设计问题、意外的环境突变和意外结构损伤),下挠到一定程度可以导致结构开裂,而导致开裂的原因更明确,可控制度更高,即先出现开裂的可能性较低。换言之,除去一些特例(如施工中或完成不久就出现开裂等情况),先下挠再开裂较先开裂再下挠的可能性大,实际上根据调查,只有下挠而未出现影响结构竖向承载刚度的开裂的大跨度预应力混凝土箱梁桥是存在的。导致开裂与下挠的原因有很多,但这些因素在时间轴上对开裂与下挠的贡献度是有差别的,也就是说,虽然很多因素同时对开裂与下挠产生影响,但在一个特定时期,其影响的主导因素是不同的,同时开裂和下挠本身还互为因果。需要指出某些特殊因素随机产生,如结构意外损伤、预应力受腐蚀等会造成一些特例。在较为理想的条件下(即无特殊情况出现),导致下挠的因素在时间轴上的演化:在结构成桥的初始阶段(1~3年),混凝土的老化作用不明显,收缩徐变和预应力损失是导致结构下挠的主要因素,如果此时出现结构开裂,则下挠的量值和数量将明显增加;进入桥梁使用的中期(4~10年),结构开裂、预应力效应、收缩徐变产生的综合效应开始成为下挠的主要因素,同时材料老化因素开始对结构变形产生影响;在结构进入变形后期,其变形逐渐稳定,收缩徐变基本完成,不再有预应力时变损失,此时材料的老化以及在交变荷载下裂缝扩展对结构刚度和内力的影响是导致下挠的主要原因。

3.3　连续刚构典型开裂类型的成因分析

3.3.1　箱梁弯曲裂缝

弯曲裂缝一般发生在剪力较小的跨中附近和支座负弯矩处,主要由弯曲正应力引起,并随着时间的推移不断向受压区发展,裂缝数不断增加,且裂缝区逐渐向跨中两边扩展,如图3.1所示。

弯曲裂缝关系超过混凝土抗拉能力的拉应力。纵向预应力布置不当时,结构跨截面底板、支点截面顶板附近将出现纵向弯曲裂缝。在连续箱梁内,在正弯矩区的梁底部和负弯矩区的梁顶部一般会发现这些裂缝,正弯矩的弯曲裂缝将贯通底板宽度,严重时将扩展到腹板中;在负弯矩区,发生使该区内拉应力减少的弯矩重分布,截面顶部的弯曲裂缝较少出现。

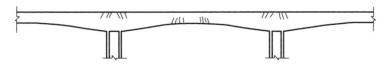

图 3.1　箱梁弯曲裂缝示意图

3.3.2　箱梁腹板斜裂缝

斜裂缝也称为主拉应力裂缝,也即主拉应力引起的裂缝,是预应力混凝土连续箱梁桥中出现最多的一种裂缝。产生的箱梁斜裂缝一般集中在 1/4 跨至 3/4 跨之间,往往首先发生在剪应力最大的支座附近,与梁轴线呈 25°~50°,并随着时间的推移不断向受压区发展,裂缝数不断增加,且裂缝区逐渐向跨中方向扩展,如图 3.2 所示。箱梁腹板的应力有正截面法向应力、扭转剪应力,剪力滞和畸变附带产生的法向应力和剪应力,竖向预应力产生的应力等,这些都影响腹板的主拉应力。其中,竖向预应力的存在与否、应力值大小等对箱梁腹板主拉应力的影响比较敏感,腹板的厚度和纵向预应力布置也影响箱梁腹板主拉应力的大小。结构本身具有的抗力受各种因素交织影响,这种抗力抵抗荷载产生的拉应力的能力不够时,结构产生裂缝。

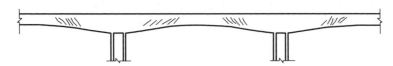

图 3.2　箱梁腹板斜裂缝示意图

3.3.3　箱梁顶底板纵向裂缝

箱梁顶板、底板的纵向裂缝是由箱梁畸变和横向弯曲产生的附加应力造成的。纵向裂缝的成因主要有以下 3 个方面:

①在施工荷载或使用荷载作用下,箱梁的横向应力超过混凝土的抗拉强度

引起纵向开裂,特别是对预应力混凝土结构,由混凝土的双向受压可以知道,纵向预压力的增加势必导致横向抗拉强度的下降,这样在外荷载作用下产生的横向应力就更有可能超过降低后的混凝土抗拉强度,从而引起纵向裂缝。

②由温度应力引起。箱梁结构对温度效应比较敏感,而且结构所在处内外温差可以达到 20 ℃以上,温差产生变形受到约束引起的横向应力有时比活载产生的横向应力还大,当它与恒载产生的横向应力组合超过混凝土的横向抗拉强度时,就会引起纵向裂缝。由这两种原因引起的裂缝最后都可以归结为结构拉应力超过混凝土抗拉强度。

③如果钢筋受腐蚀时,产生的锈蚀物是原来钢筋体积的 3 倍左右,结构会出现沿钢筋方向因钢筋锈蚀胀裂引起的裂缝。

3.3.4 箱梁齿板局部区域裂缝

预应力齿板的预应力方向和锚后区的裂缝,主要是预应力的局部效应产生的。其中,齿板锚头局压区,在其纵向长度大致相当于一倍梁高的端块内,由锚具局部压力引起的应力是比较复杂的,在靠近垫板处产生横向压应力,在其他部位产生横向拉应力。当锚具吨位很大时,这种拉应力可达到很可观的数值,有可能导致构件开裂。

3.3.5 箱梁劈裂裂缝和沿预应力管道裂缝

在大跨度结构设计中,往往对最小应力留有约 2 MPa 的压应力储备,以免计算简化的假定或图式与实际不符而导致结构不安全,以及剪力滞和局部应力等造成不利影响。但在有些预应力连续梁、连续刚构桥的箱梁设计中,把最小压应力储备留得太大,似乎压应力储备留得越大就越安全,实际上却适得其反,容易导致纵向裂缝的产生。这是因为构件在承受轴向力时,轴向长度因弹性压缩而缩短,在其垂直方向则由于材料的泊松比而产生拉应变,如果正应力储备过大,就会在其垂直方向产生较大的拉应变,沿着预应力管道可能会出现纵向裂缝。

如果混凝土质量较差或保护层厚度不足,混凝土保护层受二氧化碳侵蚀炭化至钢筋表面,使钢筋周围混凝土碱度降低,或由于氯化物介入,钢筋周围氯离子含量较高,均可引起钢筋表面氧化膜破坏,钢筋中铁离子与侵入混凝土中的氧气和水分发生锈蚀反应,其锈蚀物氢氧化铁体积比原来增加 2 ~ 4 倍,从而对周围混凝土产生膨胀应力,导致保护层混凝土劈裂。为了获得更大的偏心距以充分发挥预应力的作用,设计中盲目减少预应力钢筋的混凝土保护层容易造成劈裂。

变高度预应力连续箱梁的底板在垂直平面处具有一定的曲率,预应力钢筋必须按这种曲率布置,因此在张拉底板预应力钢筋时会产生向下的径向分布荷载。如果底板的混凝土保护层过薄,且箱梁横向未采取抵抗径向应力的措施,就容易引起混凝土保护层劈裂。

3.3.6　箱梁横隔裂缝

箱梁横隔板的人洞放射性裂缝主要由人洞处的集中应力产生。根据对横隔板局部块体有限元分析可知,在人洞附近有应力集中现象,如果在设计时不采取适当的构造措施,容易在人洞处产生放射性裂缝,在支座处的横隔板,由于支反力的作用,类似于轴向杆件受到轴向力作用,容易产生轴向劈裂裂缝。

3.4　连续刚构典型下挠成因分析

下面初步探讨典型连续刚构桥主跨跨中开裂与下挠在时间轴上的演化。为方便说明,图中挠度取下挠为正。

A 桥为三跨连续刚构桥,建桥至今一直在进行连续观测,其成桥 6 年主跨跨中挠度的变化如图 3.3 所示。其变形模式为典型的加速—缓和—加速模式。根据其变形速率的不同,可划分为Ⅰ、Ⅱ、Ⅲ三个区。其变化从建成之日起,0 ~ 3 年,挠度基本呈现匀速增长,其速率为 47 ~ 50 mm/年。之后两年,即 3 ~ 5 年,挠度增长趋缓,其速率降至 20 ~ 22 mm/年。但从第 5 年起,挠度下挠的趋势突然加速,年增速达到 30 ~ 33 mm/年,比对同期的桥梁检测报告,箱梁跨中出现横向贯通裂缝,显示该年结构刚度出现较大退化。

B 桥为双幅三跨连续刚构桥,跨度较 A 桥小,其初始下挠速率为 13 ~ 14 mm/年。第 4 年(50 个月)左右开始陆续发现结构性开裂,60 个月时右幅采取加固措施。从图 3.4 可知,两幅桥结构、材料相同,建设期也基本相

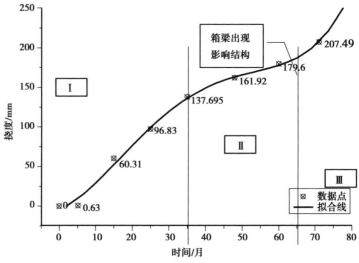

图 3.3　某 A 桥主跨跨中时间-挠度变化图

同,从前两年的数据来看,两桥的变形数据基本重合,证明两桥条件的相同性。但从第 3 年开始,两桥挠度变化开始明显不同,推测应该是结构开裂的差异导致。60 个月加固前最后一组数据比较下挠量相差近 20% ,表明成桥后期因素如环境条件、交通条件及开裂等因素对挠度的影响不可忽视。

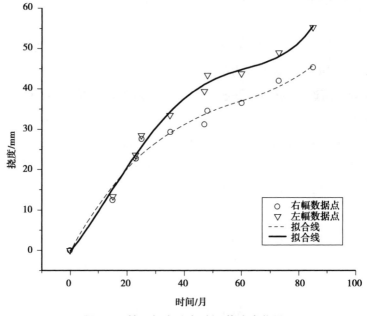

图 3.4　某 B 桥主跨跨中时间-挠度变化图

国外对预应力混凝土箱梁开裂的原因进行系统总结和分析是在 20 世纪 70—80 年代,其中较有代表性的是 Jr. Walter Podolny 的总结,其对预应力混凝土箱梁由设计与施工原因导致的各种裂缝进行了详细的成因剖析,并提出相应的加固修复方法与箱梁的设计和施工建议。Kamaitis 认为预应力混凝土箱梁复杂受力并未完全清楚,不完善的设计方法是导致预应力混凝土箱梁桥开裂的主要原因。Bažant 认为对混凝土收缩与徐变的预测是否符合实际,对混凝土结构的耐久性与长期服役性能至关重要,在某些情况下甚至关系结构的长期稳定性和垮塌的安全性。未充分估计混凝土的时变特性是结构过度下挠和开裂的一个重要原因。交通运输部公路科学研究所的研究结论认为,对预应力混凝土箱梁结构危害较大的主要裂缝形式为腹板斜裂缝和顶底板的纵向裂缝,其成因与设计中对箱梁温度场考虑不足有重要关系,还包括桥梁通用计算手段在处理预应力箱梁方面的缺陷,混凝土施工和预应力施工的不足造成的材料强度、结构实际应力水平达不到设计期望等因素。

综合国内外对预应力混凝土箱梁开裂成因的研究,比较一致的结论包括:①开裂成因很难归结为单一的开裂机理,单一的开裂原因可能并不能导致开裂,但几个因素叠加在一起足以导致开裂;②结构设计考虑不足,现有计算体系存在缺陷,体现在变高箱梁的空间效应、温度场、对结构材料的时变特性控制等方面;③施工工艺不良,造成材料强度不足和受力偏差。

预应力混凝土箱梁的长期过度下挠问题,远较箱梁开裂问题复杂且难以控制。虽然从 20 世纪 90 年代开始国外就开始相关研究,国内近年也逐步有科研机构与项目介入此类研究,但迄今为止此领域尚属前沿研究的范畴,准确预测大跨度预应力混凝土箱梁桥的长期挠度仍然不是一件容易的事情。

3.5　连续刚构主要病害的危害性分析

在部分钢筋混凝土预应力桥梁中允许出现一定宽度的裂缝,在全预应力混凝土桥梁中则不允许出现裂缝。混凝土结构裂缝分为结构受力裂缝、非结构受力裂缝和混合型受力裂缝。结构受力裂缝也称为工作裂缝,是由荷载引起的裂缝,如施工荷载、使用荷载等,在该荷载作用下混凝土受到拉力,其应变超过混凝土受拉极限应变而开裂,其裂缝有规律,一般可分为拉伸裂缝、弯曲裂缝及主拉应力裂缝。这类裂缝随着荷载大小而变化,继续开裂或闭合,这与荷载的持久性有关。非结构受力裂缝包括两种情况:一是由变形引起的裂缝,如温度、混凝土收缩徐变、不均匀沉降等引起的,当变形受到约束时,结构内部或表面各部位间在混凝土硬结过程中各部件间或部件本身收缩变形不协调便会产生应力,一旦应力超过混凝土的抗拉强度,结构就会开裂,常见于混凝土浇筑面、构件的对称轴线位置、两种不同龄期的混凝土浇筑面、构件的开洞角隅等;二是由外界环境作用导致混凝土材料发生物理、化学反应引起的,如碱骨料反应(AAR)引起的裂缝,太阳辐射、混凝土老化、疲劳作用等引起的裂缝等。这类裂缝随着岁月流逝,有的会闭合,有的会扩大,表现情况不一。混合型受力裂缝是由结构受力及混凝土收缩共同作用的结果,这类裂缝非常常见。

3.5.1 裂缝对结构刚度的影响分析

从结构刚度的角度分析,开裂的主要影响是开裂区混凝土退出工作,使得结构受力混凝土的有效截面减少,逐渐降低了混凝土截面的抗弯刚度,应力和变形的安全度恶化,严重时可造成桥梁结构破坏。视开裂类型和开裂程度的不同,裂缝对结构刚度的影响是不同的,箱梁的纵向裂缝对抗弯刚度的影响较小;而破坏断面的闭合性,对抗扭转刚度有一定危害;斜裂缝则主要改变结构的整体性和传力路径,将整板受力分割成单个板段受力,对抗弯刚度的影响不明确,如果有也应该有限;正弯横向裂缝对结构刚度有较大影响,是对结构威胁最大的裂缝形式。

3.5.2 裂缝对结构耐久性的影响分析

结构性裂缝对结构安全危害性较大,非结构性裂缝主要影响耐久性。非结构性裂缝对普通混凝土结构的危害相对较小。但对于预应力混凝土桥梁而言,非结构性裂缝的危害却是不能轻视的。这是因为在预应力结构中,预应力钢束处于高应力状态,而高应力将导致腐蚀钢束开裂的速度大大加快,直到钢束以突然脆性断裂的形式破坏。一旦预应力钢束发生脆断,直接的后果就是桥梁的突然断裂。混凝土的开裂为钢束的腐蚀开辟了腐蚀介质接近的通道。因此,预应力箱梁桥的开裂,无论是结构性的还是非结构性的对其都有较大影响。

3.5.3　下挠对结构受力状态的影响分析

不正常的过度下挠除了造成结构景观不良及使用人心理上的不安全外,其实质的影响包括以下两个方面:

（1）结构承载力的影响

除结构开裂或材料老化造成结构刚度退化外,下挠意味着结构内力发生了变化,这种内力变化的程度及影响与结构、材料及环境等多个因素有关,轻则造成结构下挠变形,重则可能引起结构开裂,继而引起开裂与下挠的强烈耦合,其影响不容忽视。

（2）结构使用功能的影响

结构的下挠破坏桥面线形,引发的动力效应造成通行不适。下挠会对结构的使用功能造成影响。过度下挠造成结构损伤或附属的非结构构件损伤时,将限制结构设计功能的发挥。

3.6　主梁不可恢复的后期永久变形现状测定和分析

近年来,随着跨度增长,大跨径预应力混凝土梁桥主梁的下挠问题日益突出,结构长期下挠且挠度远大于设计计算的预计值,这将严重影响这一桥型的继续发展。

3.6.1　全桥下挠线形变化规律

预应力混凝土连续箱梁桥的整体下挠线形变化呈现以下规律:

①从整体变形形态上看,连续刚构桥与连续梁桥没有本质区别,以主跨跨中最大。

②下挠均以主跨下挠最大,边跨较小或上挠(应与边中跨比有关,边跨长则平衡中跨变形的能力强,导致中跨变形较小,边跨短则受中跨协同变形的影响大,引起上挠)。三跨以上的多跨桥一般不出现边跨上挠的情况,最大下挠在次边跨或中主跨。

③不对称边跨及跨中使用轻质混凝土等特殊情况,与等边跨桥的下挠变形形态区别不大。

3.6.2　主跨中下挠的时变模式

大跨径预应力混凝土连续箱梁桥的下挠主要发生在主跨中。其变化规律对深刻理解下挠现象,从而采取合适的对应措施至关重要。相同级别混凝土的预应力混凝土连续箱梁桥跨中长期下挠演化数据如图 3.5 所示(下挠为负),可以得到以下结论:

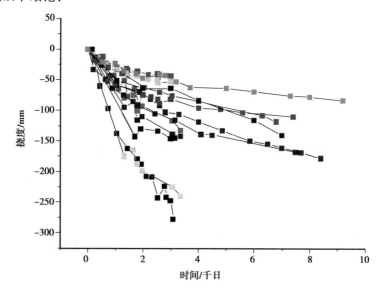

图 3.5　大跨径预应力连续箱梁桥跨中挠度-时间变化关系图(C50 混凝土)

①箱梁下挠现象持续时间超出现阶段对此类结构的认识,考虑下挠问题不应低于 10 年。

②跨中挠度变形模式多样,主要分为以下 3 种:

a. 加速—缓和(含多段缓和)—加速,这是主要的一种变形模式。

b. 加速—缓和(含多段)。

c. 加速—基本不缓和。

③连续箱梁桥多存在开裂现象,开裂对箱梁下挠具有重要影响。

④加速—缓和的转折大部分在第 3 ~ 5 年。

3.6.3　主跨中下挠速率与跨度的关系特征

对于跨中下挠变形的规律,虽然细分其变形模式可分为 3 个类型,但其总体规律可用双折线的形式表达,即初始快速增长阶段和转折后的平缓阶段。根据这个特点将下挠桥梁的数据分初始阶段和最终阶段(测量数据的最后时长)进行整理,见表 3.1、表 3.2。表 3.1、表 3.2 的结果表明:①跨度 150 m 是下挠速率有明显差异的分界跨度;②初始阶段的下挠速率较快,约为最终平缓段的 2 倍。

表 3.1　初始阶段下挠速率与跨度的关系

跨度/m	<100	100 ~ 150	150 ~ 200	>200
初始阶段下挠速率/$(\text{mm} \cdot \text{年}^{-1})$	15 ~ 35	15 ~ 60	10 ~ 20	20 ~ 90

表 3.2　总下挠速率与跨度的关系

跨度/m	<100	100 ~ 150	150 ~ 200	>200
总下挠速率/$(\text{mm} \cdot \text{年}^{-1})$(主要)	3 ~ 15	5 ~ 25	20 ~ 30	20 ~ 50
均值/$(\text{mm} \cdot \text{年}^{-1})$	18	15	30	35

3.6.4　主跨跨中下挠与桥梁几何特征的关系

混凝土连续箱梁桥结构参数与下挠的相关性。具体如下:

(1)总下挠速率与支点-跨中梁高比

总下挠速率与支点-跨中梁高比大致成正比,趋势明显,即梁高变化差异小,整体刚度相对大,总的下挠量值小。

(2)总下挠速率与梁根跨高比

总下挠速率与梁根跨高比大致成正比,但趋势不明显。实际上梁根跨高比加大意味着梁体自重减轻,下挠量应该有降低趋势,但同时梁体的刚度也下降了,下挠量又有增加的趋势,因此下挠量与梁根高跨比应该存在平衡点。高度与刚度是 3 次方的关系,远较高度与自重是 1 次方的关系强,因此成正比的关系大致成立。

（3）总下挠速率与边中跨比

总下挠速率与主跨边中跨比大致成反比，且趋势明显，边中跨比越大，则下挠的趋势减小，边跨越短中跨下挠越大。从结构总体上理解，长边跨自重平衡中跨自重的程度越多，对中跨下挠的抑制作用越大。

（4）总下挠速率与主跨跨度

下挠速率与跨度成正比，且趋势明显，即随着跨度的加大，下挠速率增加了。150 m 跨度是下挠有明显差异的大致分界线。单位跨度的下挠速率与跨度大致成正比，即跨度越大，单位跨度的下挠速度（量）越大，下挠的敏感度越高。

预应力连续梁、连续刚构桥在运营过程中有相当数量箱梁的腹板、顶板、底板、横隔板以及齿板等部位出现各种形式的裂缝，裂缝的存在对结构耐久性、安全性和正常使用都会产生十分不利的影响，而预应力混凝土的下挠与开裂有非常紧密的关系。下挠意味着结构内力发生了变化，应力变化一旦超过混凝土的多轴抗拉强度就会出现开裂，而一旦出现结构开裂，结构变化的机理将变得异常复杂，开裂与下挠现象也会迅速恶化。这是因为：

①混凝土的开裂引发预应力与混凝土收缩徐变的强烈耦合效应。即混凝土的开裂改变断面应力状态和开裂断面形心，徐变规律和预应力对结构的效应也随之变化，内力重分布，反过来又影响结构开裂。

②活载、温度的反复作用将使桥梁的裂缝宽度和长度不断扩展。

③由于开裂，结构的耐久性遭到破坏，结构材料的退化大大加快，特别是预应力钢束（筋）的腐蚀属"高应力腐蚀"，其锈蚀速度远快于普通钢筋，并且其断裂是脆性的，预兆性较小，危害性极大。

④结构严重开裂可以导致结构受力体系的变化，整体刚度受到削弱。国内主跨245 m 的某大桥出现了大量裂缝，跨中严重下挠，最大达 32 cm。过大的挠度不仅影响行车的舒适，也可能改变受力体系和内力分配，使裂缝进一步扩展，从而形成恶性循环。

3.7 部分案例

对混凝土裂缝产生和发展造成影响的因素有很多，其中一些因素是由混凝土本身结构特性所决定,而另一些因素则是与结构施工建设过程中的疏忽和所承受的荷载休戚相关的。对于大跨度连续刚构桥梁而言,很多桥梁在建设过程中已经出现了较为严重的裂缝,在后来的运营阶段裂缝更是得到了不断发展,而有的桥梁却是在运营多年以后才出现较为严重的梁体开裂现象。在实际的混凝土桥梁工程中,裂缝的产生是由多个环节,多种因素来共同控制的,其裂缝形式的多样性和裂缝的严重程度与设计、施工、受力以及运营阶段的养护等因素都密切相关。以下通过对几座梁体开裂严重且具有代表性的大跨径连续刚构桥梁进行研究,分析其梁体开裂的原因。

3.7.1　实桥案例1

该桥主桥为五跨一联的预应力混凝土连续刚构桥,跨径组合为(162.5+3×245+162.5)m。箱梁断面形式为单箱单室,设计荷载为汽-20级,挂-100级,采用悬浇施工成桥。1995年,边跨现浇段腹板出现斜裂缝;1998年进行了加固处理;2002年检查发现各跨1/4到跨中区段、边跨1/4腹板出现大量斜裂缝。中跨合龙段,两边跨端均出现贯通底板的横向裂缝并延伸到腹板。

该桥是我国早期建成的大跨度预应力混凝土连续刚构桥梁,其主桥跨径组合为(162.5+3×245.0+162.5)m。该桥在1995年建成通车后,仅7年时间就出现了较为严重的梁体开裂病害。这些裂缝分别为跨中的一定范围内腹板斜向裂缝、底板横向裂缝和墩顶横隔板上的横、竖向裂缝三类,并且主梁腹板和各跨跨中底板上的裂缝多为贯穿裂缝。经相关单位研究分析,认为该桥腹板裂缝产生的主要原因是边跨预应力多设为直束,未考虑利用合理的弯起束来克服主拉应力,导致梁体主拉应力偏大。在对原设计的复核计算得出,出现裂缝区域的主拉应力数值较大,安全储备较小。另外,在运营期间有效预应力的降低和腹板厚度负误差的影响,也是出现大量腹板裂缝的原因(图3.6和图3.7)。

3.7.2　实桥案例2

该桥主桥为(140＋240＋140)m的预应力混凝土连续刚构,桥梁净宽21.5 m。主桥箱梁为三向预应力结构,单箱单室截面,顶板宽22 m,底板宽11.5 m,箱梁顶面翼缘板设置1.5%的双向横坡。设计荷载为汽车-超20级,挂

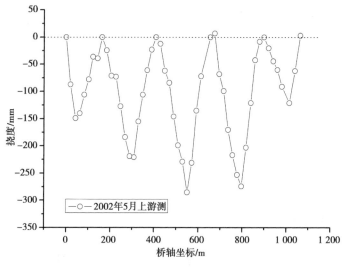

图 3.6　该桥挠度变化图(上游侧)

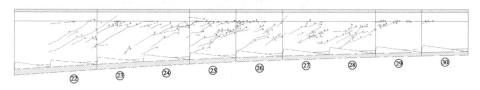

图 3.7　典型腹板开裂分布图

车-120 级,人群 3.5 kN/m²,采用悬浇施工成桥,于 1997 年建成。

该桥建成通车至今,服役期超过 20 年,其运营阶段全桥挠度图如图 3.8 所示。通过对大桥外观检测发现该桥病害较为严重,主要包括:

①主跨范围内箱梁有不同程度的下沉,其中主跨跨中最大下挠为 31.7 cm,边跨最大下挠为 3.96 cm。根据大桥管养部门的多年连续观测发现,大桥跨中持续下挠,年下挠量约为 2 cm。

②腹板裂缝主要分布于跨中左右 40 m 范围内,裂缝角度为 30°~60°,多数自锚固块或其上一定距离处开始发展,最长贯通到顶板,少数裂缝有渗漏痕迹,说明可能已贯穿腹板。

③梁底板下缘出现多条沿桥宽方向的裂缝,集中分布于跨中合龙段。跨中箱梁顶板下缘密布 22 条沿桥跨径方向的细裂缝。

④箱梁顶板及底板有不同程度的渗水现象,同时预应力管道有浆管漏浆现象。

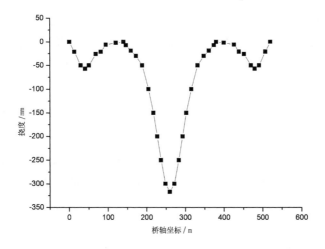

图 3.8　该桥运营阶段的全桥挠度图

3.7.3　实桥案例3

该桥主桥为六跨的预应力混凝土连续刚构,其跨径组合为(105+4×140+105)m,于1992年建成通车。该桥上部为变高度单室矩形箱梁,箱梁宽9 m,高从桥墩根部的8 m变至跨中处的3 m。梁体采用纵向、横向、竖向三向预应力作用。1999—2002 年,该桥被检查出箱梁腹板存在大量的开裂裂缝,其主要原因为:

①早期裂缝严重,施工中对混凝土早期裂缝的防止不够重视。

②在设计考虑之外的超限重车辆通行,造成了无法恢复的变形,加剧了早期裂缝的产生和发展。

③经对原设计进行核算得出,在考虑了竖向预应力作用的情况下,腹板主拉应力仍然很大,即对主拉抗力的设计不足。

④部分受力筋锈蚀,预应力损失较大,实际主拉应力可能远超过设计值,并且超过了混凝土的实际抗拉强度。

3.7.4　实桥案例4

该桥在 1994 年就发现桥面中部存在纵向裂缝;1995 年观察到桥面裂缝有

很大发展,而且在箱梁内部顶板上出现了不连续的纵向裂缝,同时测得其腹板上的裂缝宽度达 0.47 mm;1997 年复测得到其腹板裂缝最大宽度增加至 0.595 mm。其横向有效预应力降低且受到混凝土收缩徐变及温度作用的较大影响,从而产生了顶板纵向裂缝。竖向预应力失效过大,且没有弯起筋的有效作用,导致主拉应力过大,产生了腹板斜向裂缝。

综上所述,可对大跨径预应力混凝土连续刚构桥箱梁裂缝成因概述为以下几个方面:

①不合理地布置预应力钢束,或者预应力损失过大,未能保证足够的有效预应力作用,导致梁体主拉应力超过规定范围,这是造成箱梁腹板裂缝和桥面纵向裂缝的主要原因。

②施工中存在很多疏忽和施工环境的影响,造成梁体早期出现各种形式的微裂缝,这些裂缝虽然在前期很难被发现,但是在桥梁工作期间的长期荷载和重复荷载作用下,其缝宽和长度有很快的发展,从而形成肉眼可见的大裂缝。

③混凝土微裂缝的开展导致预应力混凝土收缩徐变产生强烈耦合效应,即混凝土的开裂改变开裂截面形心和断面应力状态,徐变规律以及预应力对结构的效应也随之变化,内力发生重分布,反过来又影响结构开裂。

④随着社会经济的飞速发展,各地区对交通通行量的要求不断增长,造成桥梁实际承载量远远超过原设计值,导致梁体应力过大,从而产生众多裂缝。

⑤我国前期的桥梁建设多注重于建造,而有失于运营阶段的合理养护,致使桥梁老龄化严重,寿命变短,自然就病害频频。

3.7.5　实桥案例 5

该桥主桥为九跨一联的单向预应力混凝土变截面连续箱梁,其跨径组合为 (55+7×110+55)m,于 1988 年 8 月竣工。箱梁断面形式为双箱单室,梁高按二次抛物线变化,仅在墩顶支承处设置横隔板,其他位置不设。

箱梁预应力设计采用单向预应力,DYWIDAG 后张体系,纵向预应力钢筋为钢绞线(拼装时采用 φ16 mm 粗钢筋提供辅助预应力)。顶板钢束为立面直束,底板钢束无平弯锚固于底板齿板上。主墩采用分离式 I 型墩柱,下设空心钢管斜桩基础。箱梁采用 C45 混凝土。

靠海侧的主要裂缝为顶板纵向裂缝,齿板纵向裂缝,靠岸侧引桥预应力锚固端放射状裂缝；横隔板竖向裂缝和辐射状裂缝，腹板少量斜裂缝。在 2#跨的 1/4 跨下游腹板处出现斜裂缝，在上游对称侧发现了类似裂缝，裂缝长度为 0.3～0.4 m，宽度小于 0.1 mm。另外，在跨中合龙段附近腹板与顶板交接处出现水平裂缝。在江门台上方箱梁端部预应力束锚固端腹板外侧出现辐射状裂缝。在上游腹板观测到的裂缝要少于下游侧。在腹板内侧观测到的裂缝要少于外侧。

　　整个主桥顶板全幅均发现大量纵向裂缝，最长达 10 多 m，宽度为 0.1～0.2 mm。过去修补（封闭）过的裂缝又出现开裂的情况。3#、4#跨的合龙段两端接缝处有漏锈水现象。

　　大部分横隔板均发现了竖向裂缝和行人孔周边辐射状裂缝。很多裂缝在施工过程中或结束时已作了封闭处理，但是新裂缝仍有出现，而且修补过的裂缝又出现开裂。

　　主桥很多齿板曾作过裂缝封闭处理。在 2#、3#跨齿板上出现了修补过的纵向裂缝。

　　顶板裂缝可能是因为未设顶板横向预应力、顶板相对较薄及车辆超重；腹板与顶板交接处出现的水平裂缝可能与横向温度效应有关；少量的腹板斜裂缝可能与悬臂拼装时预应力张拉锚固有关。

3.7.6　实桥案例 6

　　该桥主桥为六孔一联的双幅预应力混凝土变截面连续箱梁桥，其跨径组合为（50+100+2×160+100+50）m，采用预制悬拼法和顶推法施工成桥，于 1996 年 12 月 7 日竣工。箱梁断面形式为单箱单室，梁高按二次抛物线变化，仅在墩顶支承处设置横隔板，其他位置不设。

　　箱梁预应力设计采用双向预应力（纵、竖）。纵向预应力束为钢绞线，竖向为 φ32 mm 精轧螺纹粗钢筋。顶板钢束以立面直束为主，墩顶附近梁段布置下弯束，底板钢束通过平弯锚固于靠近腹板的齿板上，各跨均布置了通长的弯起钢束，主跨尚布置了体外备用连续束。

　　主墩采用空心墩，下设钻孔灌注嵌岩桩基础。箱梁采用 C50 混凝土，墩身采用 C40 混凝土，桩基采用 C25 混凝土。

　　该桥的主要裂缝为顶板纵向裂缝；腹板斜、水平裂缝；体外索齿板竖向裂缝。检查范围内预应力箱梁腹板除 50 m 边跨梁端支座附近存在少量斜裂缝之外,其余主桥 100 m 跨、160 m 跨基本未见斜裂缝。此外,斜裂缝大都分布在支座附近梁段,跨中居少。部分跨箱梁外腹板悬拼缝接缝不良,存在空洞,局部可见钢绞线,如 3#跨跨中偏开平侧第 2 和第 3 个浇筑块拼装缝腹板中部可见钢绞线。经过探测,该拼装缝两侧合计 219 cm 长度范围内的波纹管压浆不密实。

多处顶板发现渗水结晶等现象,在 2#跨 1/4 跨顶板梁段施工接缝处发现漏水,有白色碳酸钙晶体析出。在 3#跨 13#梁段顶板施工接缝处也发现了漏水等。2#墩顶两侧附近空洞、露筋、接缝漏水、混凝土剥落等现象较为突出。另外,在 1#跨的墩顶附近、2#跨的合龙段附近、3#跨的跨中附近均有顶板纵向裂缝分布,最长达 3.25 m,最宽 0.15 mm。

2#跨上游侧体外束齿板与腹板连接处出现竖向裂缝。少数横隔有竖向裂缝。混凝土的施工质量较差、竖向预应力钢筋预应力过大、边中跨的结构布置是造成边跨梁端斜裂缝的主要原因。

3.7.7 实桥案例 7

该桥主桥为三孔一联的分离式双幅预应力混凝土变截面连续箱梁桥,其跨径组合为(62+95+62)m,采用悬浇施工成桥,于 1999 年 12 月竣工。箱梁断面形式为单箱单室,梁高按二次抛物线变化,仅在墩顶支承处设置横隔板,其他位置不设。

箱梁预应力设计采用三向预应力,纵向及横向预应力钢筋为钢绞线,竖向为 $\phi32$ mm 精轧螺纹粗钢筋。顶板悬浇钢束以立面直束为主,墩顶附近梁段布置下弯束,底板钢束通过平弯锚固于靠近腹板的齿板上。构造钢筋选用 $\phi12$ mm,纵向钢筋间距 15 cm,横向钢筋间距 15 cm。

墩身均采用薄壁空心墩,下设钻孔灌注桩。箱梁采用 C50 混凝土。

该桥的主要裂缝为顶板纵向;底板纵向、横向裂缝;腹板水平裂缝;横隔板竖向裂缝和辐射状裂缝;齿板纵向裂缝。两幅桥的腹板上下游的开裂情况基本相同,均为水平裂缝和近水平的斜裂缝。分布在各跨 $L/4 \sim 3L/4$ 的范围内,多由通风孔和施工模板挂孔所引发。上游幅的主跨发现有多处钢筋锈胀和混凝土早期塑性收缩裂缝。上游幅主跨 $L/4$ 处腹板灌浆孔有水流出。

下游幅的主跨跨中密布顶板纵向裂缝,最长约 5 m,开裂模式为板中间密两边疏。边跨顶板也有开裂,但开裂程度比主跨轻,在上齿板锚头前方发现顶板纵向裂缝。上游幅顶板的情况基本类似,但主跨纵缝不如下游幅密集,且发现一条纵缝有白色结晶。

下游幅场口端 3#跨在距梁端 $L/3$ 处开始出现纵向裂缝,位置在板的两侧 1/3 处,最大宽度 0.2 m。3#跨中有一条渗白浆的纵向裂缝,长约 2 m。下游幅 3#跨 3#—4#节段接缝渗水。下游幅 2#跨中底板 $L/5 \sim L/3$ 距下游边缘 3.5 m 处有 14 m 长纵向裂缝。

上游幅 1#墩横隔板存在贯穿板厚的竖向和辐射状裂缝,0.1 ~ 0.3 mm 不等,长度为 0.3 ~ 1.2 m。2#墩中横隔板人孔正中竖向裂缝长 1.8 ~ 2.0 m。

上游幅 1#跨多处上齿板,侧面和底面纵向裂缝。

全桥以顶板纵向裂缝、腹板水平裂缝、底板纵向裂缝为主,没有明显腹板斜裂缝发现,超载和横向框架内力考虑不足是主要的开裂原因。

3.7.8　实桥案例 8

该桥主桥为五跨一联预应力混凝土变截面连续箱梁桥,其跨径组合为(52+3×80+52)m,悬浇施工成桥,于 1992 年 3 月竣工。箱梁断面形式为单箱单室,梁高按二次抛物线变化,仅在墩顶支承处设置横隔板,其他位置不设。

箱梁预应力设计采用三向预应力,纵向预应力为 7-7φ5 mm 钢绞线,横向为 24φ5 mm 高强钢丝,竖向为 φ32 精轧螺纹粗钢筋。顶板悬浇钢束以立面弯束为主,底板钢束无平弯锚固于底板的齿板上。构造钢筋选用 φ12 mm,纵向钢筋间距 15 cm,横向钢筋间距 15 cm。主墩采用实心墩,下设钻孔灌注桩嵌固于基岩中。箱梁采用 C50 混凝土。

该桥的主要裂缝为顶板纵向、横向裂缝;底板纵向、横向和斜向裂缝;腹板斜向、水平向裂缝;横隔板竖向裂缝;齿板纵向裂缝。1#跨端部上游腹板发现多条斜裂缝,下游腹板存在大量斜裂缝,且大多穿过整个腹板,有些还延伸至顶板,裂缝宽度大于 0.2 mm。在 1#跨的根部上下游分别有一条近水平的长裂缝。2#跨到 4#跨,在 $L/4 \sim 3L/4$ 跨范围内分布大量的斜裂缝和水平裂缝。斜裂缝主要分布在 $L/4 \sim L/2$,$L/2 \sim 3L/4$,最大宽度为 0.4 mm。水平裂缝主要集中在跨中附近。在 2#跨的 3#梁段内,发现水平裂缝,长度为 0.5m 左右,宽度小于 0.1 mm。在进行外观检查时,2#跨到 4#跨腹板的 $L/4$ 和 $3L/4$ 跨处均发现有斜裂缝,说明部分斜裂缝可能已经贯通腹板。值得注意的是,2#跨上下游腹板 3L/4 跨处的斜裂缝有多条与底板上斜裂缝连通。在 3#跨和 4#跨某些腹板斜裂缝发现有水渗出,且有白色碳酸钙析出。4#跨还发现一处竖向预应力压浆孔流白浆并在加腋处形成钟乳。距 5#跨端部 5~10 m 有多条斜裂缝和水平裂缝分布,其中有一条斜裂缝已经明显贯穿腹板的厚度和高度,腹板箱内外表面均可观察到裂缝及白色碳酸钙析出。

顶板纵向裂缝在全桥长度内均有分布。1#跨在端头 3~5m 后顶板即开始出现纵向裂缝。边跨顶板纵向缝分布在端头和 L/4,中跨分布在 L/4~3L/4,即基本上在合龙端及其两侧。2#跨富阳端附近节段顶板接缝处渗水并有白色结晶。3#跨富阳端附近节段顶板短小横向裂缝并有渗水痕迹,距跨中 10 m 的大源端顶板由此处上齿板引伸过来一条约 0.7 m 长的横向裂缝并伴随渗水和白色结晶。4#跨距跨中 20 m 的大源端顶板靠下游侧,纵向裂缝渗水并在下齿板上形成钟乳。距离 5#跨支座约 15 m 的顶板偏下游侧发现两条横向裂缝,部分延伸到腹板,长度为 1.5~2.0 m。

在所观测的 1#跨—3#跨底板中央区域 L/4~L/2 分布许多纵向裂缝。长度为 1.5~3.0 m,宽度 0.1 mm 左右。在 2#跨底板两侧还发现许多斜向裂缝,在底板两侧的斜裂缝呈八形分布,且以跨中横向方向对称。在 2#跨靠近跨中的地方,在底板发现两条横向裂缝。3#跨跨中有被撞痕迹。

1#—4#墩顶上方横隔板发现竖向裂缝和行人孔周边辐射状裂缝,竖向裂缝宽度为 0.5~1.0 mm。每墩上均设有 3 道横隔板,其中中横隔人孔上方竖向裂缝一般较大且已延伸至顶板。4#墩顶近顶板的横隔斜裂缝发现有渗水,2#跨跨中附近齿板(富阳端)发现纵向裂缝。温度效应、锚头锈蚀、低劣混凝土质量以及出现病害后没有采取任何措施是造成预应力较大损失,致使该桥开裂的主要原因。

3.7.9 实桥案例9

该桥主桥为五跨一联分离式双幅预应力混凝土变截面刚构-连续组合体系桥,其跨径组合为(127+3×232+127)m,采用挂篮悬浇施工成桥,于 2002 年 8 月竣工。箱梁断面形式为单箱单室,梁高按二次抛物线变化,仅在墩顶支承处设置横隔板,其他位置不设。

箱梁预应力设计采用三向预应力,纵向及横向预应力钢筋为钢绞线,竖向为 $\phi32$ mm 精轧螺纹粗钢筋。顶板悬浇钢束为立面直束,底板钢束通过平弯锚固于靠近腹板的齿板上。纵向构造钢筋选用 $\phi16$ mm,间距 12 cm,横向构造钢筋选用 $\phi12$ mm,间距 15 cm。刚构主墩身采用双薄壁空心墩,下设钻孔灌注桩。箱梁及 2#—5#墩身采用 C50 混凝土,桩基采用 C30 混凝土。

该桥的主要裂缝为腹板斜裂缝、横隔板竖向裂缝、齿板纵向裂缝。在 3#跨上游腹板 3/4 ~ 1/2 跨连续 3 个梁段处发现多条斜裂缝,长度为 0.1 ~ 0.5 m,宽度最大 0.18 mm。相同位置的下游腹板无发现。

1#跨端部隔板发现竖向、横向裂缝,墩顶横隔洞口辐射状裂缝。3#跨墩顶横隔板行人孔上有辐射状裂缝。

2#跨上下游下齿板大多有侧面的纵向裂缝。其中 2#跨跨中前方下游第二块齿板上发现纵向裂缝,长度为 0.3 m,宽度小于 0.1 mm。3 跨下游 5#、6#、7#块齿板上发现纵向裂缝,长度为 0.3 ~ 0.4 m,宽度小于 0.1 mm。该桥裂缝基本上属温度和混凝土收缩裂缝,齿板裂缝较为突出,预应力施工张拉和设计齿板构造应进一步总结经验。

3.7.10　实桥案例 10

该桥主桥为八孔一联的预应力混凝土连续箱梁桥,其跨径组合为(2×50+85.3+2×115.7+85.3+2×50)m,主跨为变截面箱梁,边跨为等截面箱梁,采用挂篮悬浇施工成桥,于 1996 年通车。箱梁断面形式为单箱单室,梁高按三心圆曲线变化,在墩顶支承处和主跨 $L/4$ 处设置横隔板,其他位置不设。

箱梁预应力设计采用三向预应力,纵向为钢绞线,横向预应力为高强钢丝,竖向为冷拉Ⅳ级 $\phi25$ mm 粗钢筋。顶板悬浇钢束以立面直束为主,墩顶附近梁段布置下弯束,底板钢束通过平弯锚固于靠近腹板的齿板上。纵向构造钢筋选用 $\phi20$ mm,间距 10 cm;横向构造钢筋选用 $\phi8$ mm,间距 15 cm。

主墩为壁式墩身,钻孔灌注桩基础。箱梁采用 C50 混凝土。合龙段长为 2.7 m,两边跨现浇段长为 26.89 m。主桥腹板设通风孔。

该桥的主要裂缝为腹板斜、水平和竖向裂缝;横隔板竖向裂缝;桥面纵向裂缝。1#跨的端头到 $L/4$ 跨分布少量斜裂缝。最长的斜裂缝可达 1.0 m,最宽处达 0.2 mm。在 1#跨靠近 1#主墩附近分布少量水平裂缝。最长的水平裂缝可达

0.8 m,宽度小于 0.1 mm。2#跨腹板斜裂缝主要分布在两个 $L/4 \sim L/2$ 区段,多为不连续裂缝,少数裂缝贯穿整个腹板高度,一处发现沿纵向束方向的裂缝渗水。

顶板除合龙段外没有发现纵向裂缝,但在主跨顶板发现多处漏水。

该桥在支座及 $L/4$ 均有横隔板。墩顶和跨中的横隔板均存在竖向裂缝和行人孔周边辐射状裂缝。1#跨横隔人孔辐射状裂缝贯穿板厚并有水渗出。

齿板未有裂缝发现,但发现两处顶齿板锚头处滴水,位置与底板积水位置相对应。全桥裂缝以腹板斜裂缝为主,主要发生在对拉的顶、底齿板间的腹板上,严重渗水造成预应力损失是该桥开裂的重要原因。

3.7.11　实桥案例 11

该桥主桥为五孔一联预应力混凝土变截面连续箱梁桥,其跨径组合为(65+3×100+65)m,采用悬浇施工成桥,于 1993 年通车。箱梁断面形式为倒梯形斜腹板单箱单室,梁高按二次抛物线变化,在墩顶支承处、主跨中和边跨现浇段设置横隔板,其他位置不设。

箱梁预应力设计采用纵、竖双向预应力,纵向预应力钢筋为 24ϕ5 mm 高强钢丝,竖向为 ϕ25 mm 粗钢筋。顶板悬浇钢束以立面直束为主,墩顶附近梁段布置下弯束,底板钢束通过平弯锚固于靠近腹板的齿板上,各跨均布置底板上弯钢束。纵向构造钢筋选用 ϕ12 mm,间距 10 cm;横向构造钢筋选用 ϕ10 mm,间距 15 cm。

主墩为实心墩,下设钻孔灌注桩嵌固于基岩中。箱梁采用 C50 混凝土。合龙段长 2.0 m,两边跨现浇段长 13.92 m。主桥腹板设 ϕ80 mm 通风孔。

调查中发现该桥的主要裂缝为顶板纵向、横向裂缝;底板斜裂缝;腹板斜向、水平向和竖向裂缝;横隔板竖向裂缝。距 1#跨端 20 m 处腹板左、右侧开始出现大量斜裂缝,一直到 3L/4 跨。左侧端头还出现一条几乎贯穿腹板高度的斜裂缝。最长的斜裂缝可达 2.0 m,最宽处达 0.5 mm。在跨中处,部分斜裂缝向上延伸到顶板约 0.3 m,向下一直到底板,且多条裂缝有水渗出并有白色碳酸钙结晶。从 2#跨 6#梁段处(第 2 个底板齿板)腹板开始,出现大量斜裂缝,长度为 1.5 ~ 3.0 m,间距 1.5 ~ 2.0 m,宽度为 0.1 ~ 0.8 mm。6#—9#梁段左侧腹板有多条斜裂缝延伸至顶板,延伸长度为 0.2 ~ 0.5 m,且延伸部分有水不断渗出,说明裂缝已经贯穿顶板。7#和 8#梁段的接缝处出现竖向裂缝,已延伸至顶板并伴有白色结晶。从 10#梁段开始,腹板斜裂缝逐渐减少至消失。在 2#跨跨中东侧 15#梁段处(过中腹板后第 2 个底板通风孔),左侧腹板斜裂缝长约 2.1 m,宽为 0.3 mm。向上延伸至顶板,向下一直到底板,且斜向几乎贯穿过整个底板。通过裂缝经过的底板通气孔,可观察到底板裂缝已经贯穿底板。底板斜裂缝长约 5.2 m,宽约 0.5 mm。从 16#梁段到 20#梁段腹板出现大量斜裂缝,间隔 1.5 ~ 2.0 m,宽度为 0.1 ~ 0.6 mm。有多条斜裂缝已经延伸至顶板。18#梁段右侧腹板的斜裂缝处不断有水渗出。20#梁段左侧腹板斜裂缝处也有水渗出。在 3#跨中,7#梁段到 12#梁段之间,以及 13#梁段到 18#梁段之间,斜裂缝大量分布,间距为 0.5 ~ 2.0 m,长度为 0.5 ~ 2.0 m,宽度为 0.1 ~ 0.3 mm。3#跨大量腹板竖向预应力钢筋灌浆管漏水,部分流出的是铁锈水。

在 2#跨 4#梁段处顶板出现 3 条横向裂缝,裂缝已经贯穿顶板,并有水不断渗出。在 6#梁段顶板右侧发现横向裂缝,长约 0.3 m。在 3#跨 18#梁段的顶板处发现两条横向裂缝,长约 0.4 m 和 0.9 m,且有水渗出。

在 2#跨 15#梁段(跨中)处出现斜裂缝,已贯穿底板。此桥跨中均有横隔板。基本上,墩顶和跨中的横隔板均存在竖向裂缝和行人孔周边辐射状裂缝。该桥的主要开裂是腹板的斜裂缝,大部分斜裂缝起裂点位于顶腹板交界处,且多集中在各跨的两个 $L/4$ 处。顶板的纵、横向裂缝及横隔的竖向裂缝是较次要的裂缝,竖向预应力的严重损失、温度应力考虑不足、纵向束可能存在断丝是致裂的原因。

3.7.12　实桥案例 12

该桥主桥为八孔一联的预应力混凝土变截面连续箱梁桥,其跨径组合为 $(62.4+6×111+62.4)$ m,悬浇施工成桥,于 1985 年竣工,是我国第一座跨度超过 100 m 的预应力混凝土连续梁桥。箱梁断面形式为单箱单室,梁高按二次抛物线变化,在墩顶支承处、各跨跨中及主跨 $L/4$ 处设置横隔板。

箱梁预应力设计采用纵、竖双向预应力,纵向预应力钢筋为 $24\phi5$ mm,竖向为 $\phi32$ mm 精轧螺纹粗钢筋。顶板悬浇钢束以立面直束为主,墩顶附近梁段布置下弯束,底板钢束通过平弯锚固于靠近腹板的齿板上,各跨中部均布置了底板上弯束,中跨布置了通长的连续弯起钢束。

　　主墩为尖端空心墩,下设钢筋混凝土沉井基础。箱梁采用 C40 混凝土。合龙段长 3.0 m,两边跨现浇段长 9 m。主桥腹板通风孔为 $\phi100$ mm。

　　该桥的主要裂缝为顶板纵向裂缝;腹板斜、竖向裂缝;横隔板竖向裂缝;齿板纵向裂缝。1#跨沙洋侧端头横隔板 5 m 处腹板右侧出现少量斜裂缝。最长的斜裂缝可达 0.3 m,最宽处达 0.1 mm。2#跨沿汉口侧方向距 $L/4$ 横隔板 8 m 左右的上游侧腹板节段接缝处出现竖向裂缝,长约 2 m(该缝 1984 年 5 月发现)。3#跨腹板没有发现斜裂缝。两侧腹板均有一条沿纵向束的对称修补痕。

　　2#跨跨中顶板发现多条纵向裂缝。基本上墩顶和跨中的横隔板均存在纵向裂缝和行人孔周边贯穿板厚的辐射状裂缝。在 2#跨 $L/2$ 横隔沙洋侧第 1 块上齿板上发现纵向裂缝,长约 0.3 m,宽小于 0.1 mm。主要的病害是顶板少量的渗漏、横隔板的开裂以及腹板轻微的开裂。箱内渗水加速材料劣化可能是造成少量开裂的原因。

3.7.13　实桥案例 13

　　该桥主桥为三孔一联的预应力混凝土变截面连续箱梁桥,其跨径组合为 (89+142+89)m,悬浇施工成桥,于 1997 年竣工。箱梁断面形式为单箱单室,梁高按二次抛物线变化,主跨横隔板设在支点、$L/4$ 和 $3L/4$ 处,边跨设中横隔。

　　箱梁预应力设计采用三向预应力,纵向为钢绞线,横向为高强钢丝,竖向为 $\phi25$ mm 冷拉IV级粗钢筋。顶板悬浇钢束以立面直束为主,墩顶附近梁段布置下弯束,底板钢束通过平弯锚固于靠近腹板的齿板上,各跨底板均布置上弯钢束。

　　主桥采用双壁式墩,其中南岸边墩为单壁式墩。下设钻孔灌注桩嵌固于基岩中。箱梁采用 C50 混凝土。边跨合龙段长 2.5 m,中跨长 5.0 m,两边跨现浇段长为 18 m。主桥腹板设通风孔。

　　该桥的主要裂缝为腹板斜裂缝和横隔板竖向裂缝。在 1#跨 $L/4$ 处发现少量短斜裂缝。距 3#跨端头 2#齿板处下游侧腹板出现少量斜裂缝。最长的斜裂缝可达 0.3 m,最宽处小于 0.1 mm。顶板除横隔板附近有纵向裂缝外,无明显纵向裂缝发现。该桥边跨跨中、主跨 $L/4$ 和 $3L/4$ 处均设有横隔板。这些横隔板均存在人孔上方贯穿板厚的竖向裂缝和辐射状裂缝。1#跨中横隔与底板和腹板的三角交界处渗水并有白色结晶。2#跨 $L/4$ 处横隔板行人孔上方的纵向裂缝已经延伸到顶板,长 1.5~2.0 m(进入顶板约 0.5 m)。腹板几乎没有大的裂缝,1#跨节段接缝处有少许水平裂缝,顶板除横隔板附近有纵向裂缝外,无裂缝发现。该桥的主要裂缝是横隔人孔上方的竖向裂缝和周边的辐射状裂缝。横隔板处的顶板裂缝应该与横隔板处顶板的支承条件发生变化、混凝土的收缩等因素有关。

3.7.14　实桥案例 14

该桥主桥为五孔一联预应力混凝土变截面连续箱梁桥,其跨径组合为(50+80+100+80+50)m,悬浇施工成桥,于 1994 年竣工。箱梁断面形式为单箱单室,梁高按二次抛物线变化,主桥墩顶及各跨合龙段均设横隔板。

箱梁预应力设计采用三向预应力,纵向预应力为 7-7ϕ5 mm 钢绞线,横向预应力为 24ϕ5 mm 高强钢丝,竖向为 ϕ25 mm 冷拉Ⅳ粗钢筋。顶板悬浇钢束以立面直束为主,墩顶附近梁段布置下弯束,底板钢束通过平弯锚固于靠近腹板的齿板上,各跨均布置了底板上弯钢束。纵向构造钢筋选用 ϕ12 mm,间距 15 cm;横向构造钢筋选用 ϕ10 mm,间距 10 cm。

主墩采用实心墩,下设钢壳混凝土沉井基础。箱梁采用 C50 混凝土。合龙段长 2.0 m,两边跨现浇段长 18.9 m。主桥腹板设两排通风孔 ϕ8 cm。调查中发现的主要裂缝为横隔板竖向、放射状裂缝。腹板基本未发现有斜裂缝。在 3#跨上游侧 $L/4$ 处发现一条斜裂缝,长度为 0.3 m,宽度小于 0.1 mm。在所观测的跨中横隔板上均发现了放射状裂缝,长度为 0.2~0.5 m,宽度为 0.1 mm 左右,人洞上横梁竖向裂缝普遍。

此桥无明显腹板、顶板裂缝。主要裂缝为中横隔的人孔上横梁竖向、人孔辐射状裂缝,与箱梁宽度较大以及横向预应力在横隔附近未加密、混凝土收缩等因素有关。

3.7.15　实桥案例 15

该桥北引桥中的三跨连续箱梁长 171.4 m,为预应力混凝土等截面连续箱梁桥,其跨径组合为(49.9+75+46.5)m,悬浇施工成桥,于 1999 年竣工。箱梁断面形式为单箱单室,仅在墩顶支承处设置横隔板,其他位置不设。

箱梁预应力设计采用三向预应力,纵向及横向预应力钢筋为钢绞线,竖向为 ϕ32 mm 精轧螺纹粗钢筋。顶板悬浇钢束以立面直束为主,墩顶附近梁段布置少量下弯束,底板钢束通过平弯锚固于靠近腹板的齿板上。纵向构造钢筋选用 ϕ12 mm,间距 15 cm;横向构造钢筋选用 ϕ10 mm,间距 15 cm。墩身均采用薄壁空心墩,下设钻孔灌注桩嵌固于基岩中。箱梁采用 C50 混凝土。合龙段长2.0 m,两边跨现浇段长 8.0 m。主桥腹板无通风孔。该桥地处温热地区,阳光辐射强烈,箱梁两侧、箱内外温差大。

北引桥三跨连续箱梁的主要裂缝为腹板斜裂缝、竖向裂缝和水平裂缝;顶板纵向裂缝、横向裂缝和斜裂缝;横隔板竖向和放射状裂缝。在 1#跨上下游双侧,距 1#墩横隔板约 3 m 的腹板中下部跨通气孔处发现一条斜裂缝,上游侧的斜裂缝延伸至底板,长约 1.5 m,宽度为 0.1 mm。在 1#墩附近的腹板与横隔板交接处,斜裂缝出现在腹板与顶板的结合处,一直延伸到横隔板上,长约 0.4 m,宽度小于 0.1 mm。在 2#跨上游侧 2_1#梁段腹板上方近顶板处发现两条斜裂缝,长度为 0.1~0.4 m,宽度达 0.1 mm。在 2_2#梁段腹板的上部和中部出现两条斜裂缝,长度为 0.1~0.6 m,宽度达 0.1 mm。在 2_5#梁段腹板中部和下部发现 3 条斜裂缝,裂缝已延伸至齿板体,长度为 0.2 ~ 2.0 m,宽度为0.1~0.2 mm。在 2_8#梁段腹板中部出现两条裂缝,长度为 0.1~1.5 m,宽度小于 0.1 mm。在 2_15#梁段腹板中部出现斜裂缝,已延伸至齿板体,长度达 2.0m,宽度达 0.1 mm。在 2_17#梁段腹板下部出现水平裂缝,长度达 0.4 m,宽度小于 0.1 mm。在 18#梁段腹板上部出现斜裂缝,长度达 0.35 m,宽度为 0.1 mm。下游侧 2_1#梁段腹板上方近顶板处发现 3 条斜裂缝;在 2_8#梁段腹板中部和下部发现两条斜裂缝,其中一条贯穿腹板高度,并延伸至齿板体上表面。2_12#—2_15# 梁段每段均有一条贯穿腹板高度的通长斜裂缝。2_18#和 2_19#梁段上部出现 4 条长度为 0.3~0.5 m 的斜裂缝。在 3#跨上游侧 3_2#梁段腹板出现斜裂缝,长为 2.0 m,宽达 0.15 mm;3_6#梁段上方出现一条斜裂缝,长为 3.0 m,宽度达 0.1 mm。下游侧 3_5#—3_7#梁段出现 5 条斜裂缝,其中 3_6#梁段上的一条贯穿腹板高度。在靠近 3#跨端部的 3_11#—3_13#梁段的上下游腹板出现竖向裂缝,1~2 条横穿整个顶板并延伸至腹板中部。

从 1#跨端部开始的 5#梁段到 11#梁段,纵向裂缝几乎连续分布在顶板中部和两个边侧,最长为 3.0 m,宽度达 0.1 mm。顶板边侧纵向裂缝距腹板小于 0.5 m。1#跨端部 1_1#梁段的顶板出现 3 条横向裂缝,长度为 0.5~1.5 m,宽度达 0.1 mm。在 2#跨和 3#跨的整个顶板中部均发现有纵向裂缝。在顶板的两个边侧也发现大量的纵向裂缝,最长达 3.5 m,裂缝宽度为 0.1~0.2 mm。从 3#跨端部开始的 3_11#—3_13#梁段顶板出现 5 条横向裂缝和 1 条斜裂缝,长度为 4 m,宽度为 0.1~0.3 mm。在 1#和 2#墩的双横隔间的顶板上有横隔竖向开裂延伸过来的纵向缝。3#跨端头的箱外表检查发现,在上游侧(即两幅相交的内侧)的翼缘有贯穿整个翼缘的两条横向裂缝,位置约相当于 3_12#梁段。

1#和 2#墩上的 4 块横隔板上均出现竖向裂缝,且有一定模式,即在顶板两侧倒角处以及人孔偏上游侧的角点处出现 3 条竖向裂缝,长度为 0.4~0.6 m,宽度为 0.1 mm 左右。角点处的裂缝一般贯穿两块横隔板及其间的顶板。另外,横隔板行人孔周边还有一些放射状裂缝,长度为 0.1~0.2 m,宽度为 0.1~0.2 mm。

该桥的斜裂缝分布在 1#、2#墩横隔板的两侧两个节段内,各跨的四分点范围附近。上下游位置基本对称。但下游侧(重车道)的裂缝条数、裂缝长度、宽度均比上游侧腹板严重。总的来看,南侧半桥比北侧半桥严重。另外,主要的大裂缝出现在梁体腹板较薄的节段。上游侧腹板空洞基本上被混凝土封闭。在上齿板的内侧即齿板到腹板的间隙均有一条与齿板通长的顶板纵向裂缝。腹板较薄、主拉应力不足以及超载可能是致裂的原因。3#跨端部的整截面横向裂缝可能与支座运动受到阻碍有关。横隔板的竖向裂缝总是在顶板两侧倒角处以及人孔偏上游侧的角点处出现,这明显与混凝土收缩有关。

3.7.16　实桥案例 16

该桥主桥为五跨一联的双幅预应力混凝土变截面连续箱梁桥,其跨径组合为(50+3×80+50) m,悬浇施工成桥,于 2000 年竣工。箱梁断面形式为单箱单室,梁高按圆曲线变化,仅在墩顶支承处设置横隔板,其他位置不设。

箱梁预应力设计采用三向预应力,纵向及横向预应力钢筋为钢绞线,竖向为 ϕ32 mm 精轧螺纹粗钢筋。顶板悬浇钢束为立面直束,底板钢束通过平弯锚固于靠近腹板的齿板上。纵向构造钢筋选用 ϕ16 mm,间距 15 cm;横向构造钢筋选用 ϕ12 mm,间距 15 cm。

　　主墩采用薄壁空心墩,下设钻孔灌注桩。箱梁采用 C50 混凝土。合龙段长
2.0 m,两边跨现浇段长 8.9 m。主桥腹板设通风孔。该桥地处温热地区,阳光
辐射强烈,箱梁两侧、箱内外温差大。

　　该桥的主要裂缝为腹板斜裂缝和水平裂缝;顶板纵向裂缝;横隔板竖向裂
缝和行人孔放射状裂缝。在 2#跨跨中前方第 3#下齿板上游腹板发现 5 条斜裂
缝,长度为 0.1 ~ 0.3 m,宽度小于 0.1 mm。下游腹板第 1#上齿板处有两条斜裂
缝,长约 0.5 m,第 6#上齿板处出现 1 条斜裂缝。在 3#跨 1#下齿板上游腹板上
部发现 8 条斜裂缝,长度为 0.1 ~ 0.2 m,宽度小于 0.1 mm。在 2#—3#下齿板之
间腹板上方出现 4 条裂缝,长度为 0.1 ~ 0.35 m,宽度为 0.1 mm。另外,上游腹
板和顶板的交接处出现水平裂缝,长度几乎与跨度相同。下游侧腹板则在 1#下
齿板处发现 1 处斜裂缝。

　　在 2#跨 5#齿板上方顶板出现纵向裂缝,最长达 0.7 m,宽度达 0.1 mm。跨
中顶板出现 6 条纵向裂缝,长为 0.1 ~ 0.4 m,宽度小于 0.1 mm。3#跨 2#下齿板
处近腹板的顶板纵向开裂,长度约 2 m(上齿板的锚固端正前方)。在 4#跨底板
跨中前出现多条纵向裂缝,其中一条长度达 3.0 m。

　　梁端部横隔板有辐射状裂缝和无规律竖向、斜向裂缝,多条裂缝延伸至顶
板。在 1#墩顶隔板(厚 2.5 m)行人孔内壁出现多条竖向和横向裂缝。在行人
孔上方角发现放射状裂缝,长度为 0.2 ~ 0.5 m,其中多条裂缝已经贯穿横隔板。
3#墩顶隔板上的裂缝情况与 2#墩顶隔板情况基本相同。

　　桥面线形在两次边跨的跨中有明显下挠。关于该桥的裂缝情况,腹板有少
许断续且细小的斜裂缝和水平裂缝,其位置均位于腹板的中上部。顶板和底板
的纵向裂缝、横隔板的辐射状裂缝(多条贯穿板厚)均有发现,齿板无裂缝发现。
温度的横向框架作用考虑不够、混凝土收缩等因素是造成开裂的主要原因。

3.7.17　实桥案例 17

　　该桥主桥为五孔一联的三向预应力混凝土变截面连续箱梁桥,跨径组合为
(90+3×165+90)m,挂篮悬浇施工成桥,于 2000 年竣工。箱梁断面形式为单箱
单室,梁高按二次抛物线变化,仅在墩顶支承处设置横隔板,其他位置不设。

　　箱梁预应力设计采用三向预应力,纵向及横向预应力钢筋为钢绞线,竖向
为 ϕ32 mm 精轧螺纹粗钢筋。顶板悬浇钢束以立面直束为主,墩顶附近梁段布

置下弯束,底板钢束通过平弯锚固于靠近腹板的齿板上。纵向构造钢筋选用
ϕ16 mm,间距 10 cm;横向构造钢筋选用 ϕ12 mm,间距 10 cm。

　　墩身均采用薄壁空心墩,下设钻孔灌注桩嵌固于基岩中。箱梁采用 C50 混
凝土。合龙段长 3.0 m(边跨 2.0 m),两边跨现浇段长 6.72 m。主桥腹板无通
风孔。该桥地处温热地区,阳光辐射强烈,箱梁两侧、箱内外温差大。

　　主要裂缝为腹板斜裂缝和水平裂缝;齿板纵向裂缝;横隔板放射状裂
缝。1#跨无腹板裂缝。在 2#跨上游侧 8#下齿板上方腹板发现了斜裂缝,长度
为 0.1~0.3 m,宽度小于 0.1 mm。上游 11#下齿板上方腹板发现了水平裂缝,
长度为 2.0 m,宽度为 0.15 mm。同时,有斜裂缝被观测到,长度为 0.2 m,宽度
小于 0.1 mm。上游 20#下齿板上游腹板出现了两条斜裂缝,长度为 1.2 m,宽度
小于 0.1 mm。下游 18#、19#、21#下齿板腹板斜裂缝每段 2~3 条,长度为 0.3~
0.6 m。靠梁根部第 2 节段下游腹板中出现水平裂缝,并有渗水结晶现象。3#
跨 2#下齿板腹板中反向斜裂缝(与通常应在该位置出现斜裂缝的倾斜方向相
反),长约 1.2 m,并有渗水迹象;6#和 9#下齿板腹板斜裂缝各两条,长度为
0.4 m 左右。

　　在 2#跨上游 11#齿板顶板线形转折处出现多条纵向裂缝,长度为 1.5 m,宽
度小于 0.1 mm。在腹板和顶板交接处发现多条水平纵向裂缝,几乎分布于整
个 2#跨的顶板两侧。2#跨合龙段均有不少于 10 条纵向裂缝分布并有渗水迹
象。3#跨合龙段仅在板中有一条纵向裂缝。

　　在所观测的墩顶横隔板的行人孔周边均发现放射状裂缝,长度为 0.2~
1.5 m,宽度为 0.1 mm 左右。在行人孔内壁发现多条竖向和横向裂缝。2#墩
的放射状裂缝由人孔底部折角处引发,呈八字形,延伸到底板但未贯穿板厚。

　　在 2#跨上游 7#、8#、9#、10#、11#、12#、22#梁段齿板上出现纵向裂缝,长度为
0.15~0.35 m,宽度为 0.1 mm。在 3#跨上游 6#齿板上出现纵向裂缝,长度为
0.2 m,宽度小于 0.1 mm。

　　腹板主要为轻微斜裂缝和水平裂缝,斜裂缝长度较短且均很细微。发现两
处腹板裂缝有渗水迹象,一处有白色结晶,施工因素和温度因素考虑不足可能
是造成这些开裂的原因。齿板裂缝有一定范围的分布,施工张拉和齿板尺寸设
计与配筋应进一步总结经验。

3.7.18　实桥案例 18

该桥主桥为九孔一联的预应力混凝土等截面连续箱梁桥,其跨径组合为(45+6×46+62+45)m,采用梁段预制顶推施工成桥,于 1992 年竣工。箱梁断面形式为单箱单室,等高,仅在墩顶支承处设置横隔板,其他位置不设。

箱梁预应力设计采用三向预应力,纵向及横向预应力钢筋为高强钢丝,ϕ25 mm 冷拉Ⅳ级粗钢筋。纵向钢束为立面直束。构造钢筋选用 ϕ12 mm,纵向钢筋间距 15 cm,横向钢筋间距 20 cm。

墩身采用双柱式钢筋混凝土墩,钻孔灌注桩基础(衡阳侧过渡墩基础采用明挖扩大基础)。箱梁采用 C30 ~ C50 混凝土,7#—9#跨箱梁采用 C30 混凝土,4#—6#跨箱梁采用 C50 混凝土,其余梁段采用 C40 混凝土。主桥腹板、底板设两排 ϕ100 mm 通风孔。

该桥的主要裂缝为腹板斜裂缝;顶板纵向裂缝;横隔板行人孔放射状裂缝。仅发现主跨(2#跨)距支座横隔 9.6 m 处上游侧腹板跨通气孔斜裂缝一条,长约0.6 m。

在 2#跨第 1#顶板齿板处顶板发现一条纵向裂缝,长度为 1.2 m,宽度为0.1 mm。在 2#跨墩顶横隔板行人孔角出现一条裂缝,已贯通横隔板厚度方向。各跨横隔板不同程度地有裂缝存在。若干上齿板底面有纵向裂缝发现。裂缝总体较少,仅发现一条斜裂缝,横隔板辐射状裂缝在各跨均有,顶齿板纵向裂缝和顶板纵向裂缝也有少量发现。应力集中和混凝土干缩是造成少量开裂的原因。

第4章 预拱度设置对主梁线形的影响因素分析

对于一般的 PC 连续刚构来说,一旦施工成桥,其受力状态与线形状态随即确定,桥梁结构缺乏后期调整内力与线形的空间和措施。此类桥型合理成桥状态的实施主要是靠成桥之前、施工过程中的施工控制手段来实现的。在此,合理成桥状态分为合理受力状态和合理线形状态。合理受力状态可以通过顶推、配重等方式来调整,合理线形状态则主要通过预拱度的设置来达到。

4.1 预拱度对成桥线形的影响

连续刚构桥的线形控制主要通过设置合理的预拱度来实现。目前规范对预拱度的规定为:当预应力产生的长期反拱值大于按计算荷载短期效应组合计算的长期挠度值时,可不设预拱度;当预应力的长期反拱值小于按荷载短期效应组合计算的长期挠度时应设预拱度,其值应按该项荷载的挠度值与预应力长期挠度值之差采用;当自重相对于活载较小时,应考虑预应力反拱值过大可能对桥造成的不利影响,必要时采取负预拱度来避免桥面隆起或破坏。

在悬臂施工的过程中,受结构自重、预应力、混凝土收缩徐变、施工临时荷载、温度等的影响,桥梁会产生一定的挠度。目前,许多大跨径连续刚构在运营过程中会出现跨中下挠过大以及桥面线形成波浪形变化等问题,其主要原因就是预拱度设置不合理。桥梁线形一般分为 3 种(图 4.1):设计线形,即设计中要求达到的线形;成桥线形,即桥梁合龙桥面铺装完成时的线形;最终线形,即桥梁运营 3 ~ 10 年后的线形,此时混凝土的收缩徐变已基本完成。

在此,一般把预拱度分为两部分:一个是施工预拱度;另一个是成桥预拱度。合理地设置施工预拱度,充分考虑施工过程中的影响因素,使施工完成时成桥线形能符合设计线形加上预拱度的线形;合理地设置成桥预拱度,桥梁在长期使用过程中保持平顺,在混凝土收缩徐变的长期作用下逐渐趋近设计线形。两者的相互关系可以表示为:预拱度=施工预拱度+成桥预拱度+1/2 活载效应。

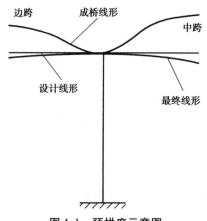

图 4.1　预拱度示意图

采用挂篮悬臂浇筑的连续刚构在设置施工预拱度时应考虑表 4.1 所列因素的影响。采用挂篮悬臂浇筑连续刚构,其成桥预拱度应考虑表 4.2 所列因素的影响。

表 4.1　连续刚构施工预拱度的主要影响因素

影响因素	预拱度设置方向	预拱度设置方法
一期恒载	+	
预应力	−	
二期恒载	+	
结构体系转换	+,−	通过正装计算,施工阶段模拟,逐段计算
挂篮自重及变形	+	
前期收缩徐变	−,+	
温度影响	+或−	
施工临时荷载	+或−	
支架弹性,非弹性变形	−	

注:"+"表示向上设置预拱度,"−"表示向下设置预拱度,下表同。

表 4.2　连续刚构成桥预拱度的主要影响因素

预拱度		影响因素	预拱度设置方向	预拱度设置方法
预拱度	成桥预拱度	后期收缩徐变	+，-	曲线分配法计算
		1/2 活载效应	+	

目前,由于大量有限元计算软件的参与,施工预拱度的计算理论已经比较完善,计算数据也较为准确。混凝土收缩徐变、桥梁长期使用过程中开裂与下挠的耦合作用、活载作用下疲劳效应等问题还比较复杂,对成桥预拱度的计算和设置还没有较为精准的方法。本章采用余弦曲线法成桥预拱度设置方法加以讨论。

4.2　预拱度的影响因素

在预应力连续刚构桥悬臂浇筑施工过程中,比较重要和复杂的问题就是控制桥的线性,而直接影响线性的是施工过程中悬臂梁的下挠度。为了使桥梁线性满足设计要求,现场施工时通过预拱度的设置来完成对挠度的控制。同样,为了确保桥梁施工的线性与设计线性在同一可靠数值内,必须设置合理的预拱度。如果预拱度设置不合理,桥梁线性改变,事后控制又非常不易进行,严重的会导致生命财产损失。然而,在悬臂施工过程中,预拱度设置后所产生的桥梁线性不可能与设计给出的理论位置完全一致,总是会存在一定的误差。为使桥梁在悬臂阶段有比较合理的预拱度设置,结合实际施工现场监控的过程,分析导致这些误差的因素,以便更合理地控制连续刚构桥的线性。

大跨径预应力混凝土连续刚构桥在悬臂施工过程中设置预拱度时,主要考虑表 4.3 中几个方面的因素。

表 4.3　大跨度连续刚构预拱度设置主要影响因素

预拱度	影响因素	预拱度设置方向
施工预拱度	一期恒载	+
	预应力	-

续表

预拱度	影响因素	预拱度设置方向
施工预拱度	二期恒载	+
	结构体系转换	+，-
	挂篮变形	+
	前期收缩徐变	+，-
	墩身压缩	+
	温度影响	+，-
	施工荷载	+，-
成桥预拱度	后期徐变变形	+，-
	1/2 活载	+
	预应力损失	+，-

注：表中"+"号表示向上设置预拱度，"-"号表示向下设置预拱度。

根据表4.3 归纳的因素，可将预应力混凝土连续刚构桥施工预拱度影响因素分为 6 类，下面分别进行介绍。

4.2.1 结构设计参数

在所有桥梁结构的设计和施工控制中，结构参数是非常重要的因素，它是桥梁模拟施工分析中最为基础的资料，结构参数不够精确则会导致分析结果也不够精确。在桥梁结构施工过程中，实际产生的结构参数与设计采用的结构参数基本上不一致，这是因为各方面的因素会存在一定的偏差，因此在施工控制中首先要考虑的是如何将这些偏差合理地考虑进去，使桥梁实际产生的结构参数与设计采用的结构参数尽量接近。结构参数主要包括：

（1）结构构件截面尺寸

截面尺寸偏差一直都存在于桥梁施工过程中，这种偏差只要在相关规定的允许范围内，都不存在问题。相反，当偏差比较大时，就会对相关受力和变形计算产生较大影响。在对结构尺寸取值的过程中，需要结合施工现场变化的情况，随时对其进行修正，并且对尺寸偏差产生的原因进行及时分析。

（2）结构材料弹性模量

弹性模量是结构受力和变形计算中非常重要的系数。在现场施工过程中，混凝土实际的弹性模量总是与理论值不一样，因此需要不断地获得相关部位及时的弹性模量值，随时对其进行修正，并且对弹性模量偏差产生的原因进行及时分析。

（3）材料容重

材料容重是引起结构内力与变形最主要的因素。在现场施工控制过程中，实际材料容重总是与理论值有一定的偏差，特别是不同型号的混凝土材料和不同钢筋用量都会影响材料的容重，需要不断地获得相关部位及时且准确的材料容重。

（4）材料热膨胀系数

施工控制受到材料热膨胀系数准确性的影响，需要及时地采集现场桥梁结构施工过程中相关部位的热膨胀系数，并且结合已有同类桥梁的施工经验对采集值进行对比分析。

4.2.2　施工工艺参数

在桥梁建设过程中，施工控制是最重要的一个环节，施工控制的质量直接关系控制目标的实现。在施工控制中，要将桥梁控制的误差控制在容许范围之内，需考虑各种因素对施工条件的影响。

（1）施工荷载

在桥梁建设中经常会有一些辅助设施、材料堆放等临时荷载，在施工控制中，临时荷载不容忽视，不能根据理论值来取，要使用现场最大值，因为其会对受力与变形产生重大影响。在进行施工现场布置时，必须优先考虑结构受力，同时结合施工进度，合理布置施工荷载，优化结构受力，降低安全事故的发生。

（2）附加预应力值

预应力是影响结构内力与变形控制的最重要的参数，同时预应力的大小也会因张拉设备、预应力钢筋种类、管道摩阻力、预应力钢筋断面的尺寸、所处环境的气温变化、混凝土收缩徐变等因素而受到损失，为了补偿损失的预应力，通常采用超张拉预应力钢筋,同时在现场施工监控过程中,需要合理地估计误差,确保施工预拱度设置的合理性。

4.2.3 施工监测参数识别误差

(1)结构计算分析模型

为了将桥梁计算结构模型近似等同于原结构,在对计算模型进行简化的过程中,尽量将模型的计算精度、边界的约束条件和其他各种假定条件所产生的误差控制在一定的范围内。建立模型通常要花很多的时间和精力,也可以事先进行实验研究,找到更合适的方法建立模型。甚至通过多次反复计算比对结果,确保结果的正确。例如,在悬臂施工过程中,为了精确预测立模标高值,需要得到比较准确的挂篮变形值,可以根据挂篮预压试验和理论计算模型进行相互对比分析后得到相关参数。

(2)数据采集与分析误差

在桥梁控制过程中,通常通过变形监测和应力监测等实现施工控制,但由于仪器、人工安装架设、测量方法手段、数据采集、外界情况等方面的误差不可避免且无法控制,可能会使正确的数据变成错误的,错误的数据变成正确的。因此,施工监测必须确保测量的准确性。施工监测要采用高精度仪器,降低其他因素的影响,将可能产生的误差控制到最低。例如,在计算挂篮变形值时,可以将挂篮预压试验和理论计算模型所计算的结果进行误差分析。

(3)温度场变化

虽然连续刚构桥在悬臂施工过程中关于其挠度受到温度的影响,在规范中没有明确规定,但是实桥温度场变化对悬臂施工的影响是存在的,并且对桥梁结构的受力和变形有着不可忽视的影响。太阳的辐射作用等原因,使箱梁的顶板混凝土纵向纤维伸长,对现场桥梁测量有一定的影响。往往在悬臂施工阶段温度对高程有一定的影响,如果忽略不计,则会导致测量结果不准确。为了排除温度对桥梁挠度的影响,在一般情况下都选择一天中温度变化最小的早晨进行实测数据采集,如挂篮在就位过程中,挂篮的钢结构受到温度的影响非常大,一般选择在夜间或者清晨安装就位;中跨和边跨的合龙选择在夜间或者清晨温度变化较小时进行。

4.2.4　施工管理

在桥梁施工过程中,施工管理主要是安全、进度和质量的管理,其中后两者直接影响桥梁的施工预拱度设置,特别是施工进度,如果和计划差别较大,严重的则会对桥梁线性产生较大影响。例如,在连续刚构桥悬臂施工过程中,如果一端的悬臂部分已经浇筑完成,而另外一端没有在计划进度中,将导致两个悬臂合龙等待的时间不同,加上混凝土收缩徐变的影响无法准确估计,就可能导致合龙后桥梁的线形与设计不同。

4.2.5　混凝土收缩徐变

混凝土徐变一直存在于桥梁结构中,并且随时都会改变桥梁结构的内力和变形。混凝土的徐变效应随着时间的增长而不断发生变化,是从混凝土浇筑的那一刻起,到整个结构失去作用都一直存在,它始终贯穿于整个桥梁。桥梁在施工和使用过程中,不同的部位所受到的力是不同的,每一个部位的徐变也是不同的,在荷载的长期作用下,混凝土梁体的曲率会发生改变,下挠度也会随之变大。在监控预应力混凝土连续刚构桥施工阶段梁体挠度过程中,如果不考虑徐变产生的效应,则会导致挠度的监测结果不准确,从而在计算桥梁所受的荷载时出现严重错误。随着施工进度的增加,混凝土徐变引起的变形越来越大,如果使用不考虑徐变的预拱度进行设置,将会严重影响桥梁线性,导致成桥后的线性与设计值相差很大。

混凝土徐变的影响因素非常复杂,混凝土徐变在桥梁结构施工过程中的影响很难预估,在施工控制中必须认真研究徐变,使合理的徐变参数和计算模型得到较好的应用。

4.2.6　预应力损失

在预应力混凝土连续刚构桥悬臂浇筑施工过程中,顶板和腹板预应力钢筋是承受负弯矩的主要构件。钢筋预应力的损失会对施工预拱度产生一定影响。当预应力不足时,较轻的会导致混凝土开裂,严重的会导致桥梁结构破坏。在现场施工控制过程中,必须控制好预应力值,对预应力损失作出比较准确的估

算,并采取相应的措施尽量减少预应力损失。预应力损失包括:

①预应力钢筋与管道之间摩擦引起的应力损失;

②锚具变形、钢筋回缩和接缝压缩引起的应力损失;

③钢筋与台座间的温度引起的应力损失;

④混凝土弹性压缩引起的应力损失;

⑤钢筋松弛引起的应力损失;

⑥混凝土收缩与徐变引起的应力损失。

4.3 大跨度 PC 连续刚构桥的预拱度

4.3.1 施工预拱度

施工预拱度通过每个施工节段的立模标高来控制,可用公式表示为:

$$f_{si} = \sum f_{1i} + \sum f_{2i} + f_{3i} + f_{4i} + f_{5i} + f_{6i} + f_{7i}$$

式中　　$\sum f_{1i}$——该阶段块件生成后和以后各阶段挠度累计值;

　　　　$\sum f_{2i}$——浇筑和预应力张拉对挠度的影响值;

　　　　f_{3i}——施工期间收缩徐变产生的位移;

　　　　f_{4i}——挂篮弹性变形;

　　　　f_{5i}——温度影响值;

　　　　f_{6i}——施工荷载产生的挠度;

　　　　f_{7i}——体系转换和二期恒载产生的位移。

结构自重的计入方法是本阶段块件生成后和以后各阶段挠度累计值,特点是先浇节段已完成本身自重变形,不再对后浇节段产生影响。预应力作用计入方法是本次浇筑梁段及后浇梁段纵向预应力张拉后对该点挠度的影响值,需要计入后张拉预应力对已生成节段产生的影响。

节段 i 在结构自重作用下的施工预拱度为:

$$\sum f_{1i} = f_i^1 + f_{i+1}^1 + f_{i+2}^1 + \cdots + f_n^1 (上标 1 表示结构自重的影响)$$

节段 i 在预应力作用下的预拱度为:

$$\sum f_{2i} = f_i^2 + f_{i+1}^2 + f_{i+2}^2 + \cdots + f_n^2 (上标 2 表示预应力效应的影响)$$

4.3.2 成桥预拱度

目前成桥预拱度设置的常用方法主要分为经验曲线法和虚拟荷载法。经验曲线法是以工程实际经验为参考,先确定一个全桥最大预拱度,再根据规范中"预拱度应按最大预拱度值沿顺桥向做成平顺曲线"的要求,以一定曲线形式沿全桥布置,形成平滑顺畅的桥面线形。而虚拟荷载法则更接近理论计算,通过经验得到跨中最大挠度后,不是用曲线方程去拟合,而是通过施加单位荷载后桥梁结构的荷载效应来反算跨中产生相应最大挠度时的相对应荷载,再把该荷载重新施加到桥梁结构上,产生的挠度则可认为是实际运营过程中产生的挠度,该挠度的相反值即可作为全桥预拱度。

成桥预拱度的主要作用是消除混凝土后期徐变的影响,而混凝土徐变对桥梁运营中线形的影响还没有可靠的计算结论。成桥预拱度的设置一般是在理论计算的基础上,根据经验确定跨中最大预拱度后,按某种曲线向全跨分配。根据近年来的工程实践,预应力混凝土连续刚构中跨跨中最大挠度为 $L/1\,500 \sim L/1\,000$,理论计算结果表明,边跨最大挠度一般发生在 $\frac{3}{8}L$ 处,约为中跨最大挠度的 $L/4$。在确定最大预拱度后,接下来的工作就是确定分配曲线。

（1）二次抛物线法

以中跨跨中为预拱度最大值,两边墩顶预拱度为 0,把边跨最大挠度位置定在 $\frac{3}{8}L$ 处,大小定为中跨最大挠度的 $L/4$。把各控制点按经验得到的挠度反向、连续布置在全桥,以二次抛物线的分布规律分配,可得到以下二次抛物线方程:

中跨:

$$y = \frac{-4f_{\max}}{L^2}x^2 + \frac{4f_{\max}}{L}x \tag{4.1}$$

边跨:

$$y = \begin{cases} \dfrac{-16f_{\max}}{9L^2}x^2 + \dfrac{4f_{\max}}{3L}x & (0 \leqslant x \leqslant \dfrac{3}{8}L) \\[3mm] \dfrac{-16f_{\max}}{25L^2}x^2 + \dfrac{12f_{\max}}{25L}x + \dfrac{4f_{\max}}{25} & (\dfrac{3}{8}L \leqslant x \leqslant L) \end{cases} \tag{4.2}$$

式中　$f_{\max}$——中跨跨中最大预拱度；

　　　L——中跨跨径。

（2）余弦曲线法

根据有限元软件计算，主梁在 $L/4$ 处产生的挠度约为跨中挠度的 $1/2$，可以推测徐变变形也符合相应规律。而根据二次抛物线法所得到的挠度值，$L/4$ 处的挠度为跨中挠度的 $3/4$，与连续刚构理论计算相矛盾。同时，采用二次抛物线曲线分配预拱度会造成桥梁线形不平顺。如图 4.2 所示，二次抛物线在靠近零点即墩顶处，切线斜率较大、变化较陡，线形不够平滑，会导致行车不畅。

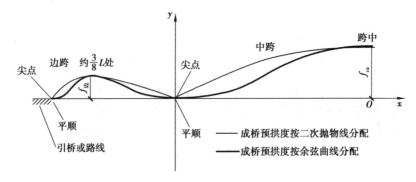

图 4.2　余弦曲线图

采用余弦曲线法设置预拱度能更好地克服其不足：①余弦曲线在墩顶两曲线连接处切线斜率为零，满足平顺要求；②余弦曲线在 $L/4$ 处预拱度为跨中预拱度的 $1/2$，与理论计算更为吻合。余弦曲线分配与二次抛物线分配的原理是一样的，只是在拟合曲线上加以改进，如图 4.2 所示。根据计算可得：

$$f_c = \frac{L}{1\,000}$$

式中　f_c——中跨最大预拱度；

　　　L——中跨跨径。

中跨余弦曲线抛高方程为：

$$y_1 = \frac{f_c}{2}\left[1 - \cos\frac{2\pi x}{L}\right]$$

其中，y_1 为预拱度值，其余符号意义同前，坐标原点取在中跨左起点处。三跨连续刚构边跨跨径一般小于中跨，其位移相对于中跨较小，采用预拱度值也较小，一般视情况取中跨预拱度最大值 f_c 的 1/3 或者 1/4,且最大预拱度设置在边跨的 1/4 截面处。对左边跨,其预拱度分两段曲线设置,分割点为距离左端点边跨的 1/4 跨径处。设分割点左侧曲线为 y_2,右侧为曲线 y_3,y_2 和 y_3 的曲线方程为:

$$y_2 = \frac{f_c'}{2} \left[1 - \cos \frac{4\pi x}{L'} \right]$$

$$y_3 = \frac{f_c'}{2} \left[1 - \cos \frac{4\pi \left(x + \frac{L'}{2} \right)}{3L'} \right]$$

式中　f_c'——边跨最大预拱度,可取中跨最大预拱度 f_c 的 1/3 或者 1/4;

　　　　L'——边跨跨径。

4.4　预拱度计算实例

某桥采用分幅设计,全桥长 1 392.0 m,单幅桥宽 22.75 m。其桥梁起止里程桩号为 K9+388 ~ K10+780。

全桥孔跨布置为(3×30 +3×30)m,预应力混凝土简支 T 梁(以下简称"简支 T 梁")+(40+70+60+60)m,现浇预应力混凝土连续箱梁+(75+140+75)m,现浇预应力混凝土连续箱梁+(70+70)m,现浇预应力混凝土连续箱梁+(4×30+4×30+4×30)m,简支 T 梁+(36+52+36)m,现浇预应力混凝土连续箱梁+2×30 m 简支 T 梁。

悬浇主桥桥墩采用矩形墩、承台配群桩基础,交界墩采用矩形墩、承台配群桩基础。

该桥采用余弦曲线法预拱度设置方法计算预拱度。中跨最大预拱度 $f_c = L/1\ 000 = 0.14$ m。按照余弦曲线法分配,结果如图 4.3 所示。

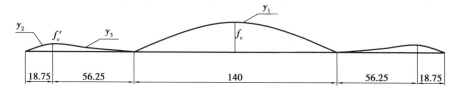

图 4.3　成桥预拱度线形示意图

各曲线函数表达式如下：

曲线 1：
$$y_1 = \frac{f_c}{2}\left[1 - \cos\frac{\pi x}{70}\right] \qquad (0 \leqslant x \leqslant 140)$$

曲线 2：
$$y_2 = \frac{f_c'}{2}\left[1 - \cos\frac{4\pi x}{75}\right] \qquad (0 \leqslant x \leqslant 18.75)$$

曲线 3：
$$y_3 = \frac{f_c'}{2}\left[1 - \cos\frac{4\pi\left(x + \dfrac{L'}{2}\right)}{225}\right] \qquad (18.75 \leqslant x \leqslant 75)$$

由上述公式得到成桥预拱度，将余弦曲线分配得到的成桥预拱度和模型计算的施工预拱度求和，再考虑活载效应，最终得到主梁总预拱度，如图 4.4 及表 4.4 所示。

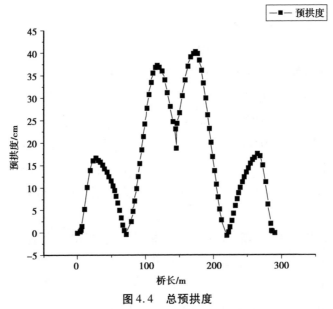

图 4.4　总预拱度

设置的预拱度为成桥预拱度+施工预拱度。现场实施时，还应计入挂篮的变形量。

表 4.4 各节段预拱度表 单位：cm

方向	边跨侧	边跨侧	边跨侧	边跨侧	边跨侧	边跨侧	边跨侧	边跨侧	边跨侧	边跨侧	边跨侧	边跨侧
墩号 节段	0#	1#	2#	3#	4#	5#	6#	7#	8#	9#	10#	11#
工业 大道侧	-0.2	0.6	1.9	3.4	5.1	6.7	8.2	9.5	10.6	11.7	12.6	13.5
岷东 大道侧	-0.5	0.2	1.3	2.8	4.4	6.1	7.6	9.0	10.1	11.4	12.4	13.5
墩号 节段	0'#	1'#	2'#	3'#	4'#	5'#	6'#	7'#	8'#	9'#	10'#	11'#
工业 大道侧	-0.2	0.6	1.9	3.4	5.1	6.7	8.2	9.5	10.6	11.7	12.6	12.6
岷东 大道侧	-0.5	0.2	1.3	2.8	4.4	6.1	7.6	9.0	10.1	11.4	12.4	12.4
墩号 节段	12#	13#	14#	15#	16#	17#	18#	19#	20#	21#	22#	23#
工业 大道侧	14.4	15.2	15.9	16.3	16.8	16.1	13.9	10.2	5.3	1.4	0.4	0.6
岷东 大道侧	14.5	15.5	16.4	16.9	17.7	17.2	15.1	11.4	6.3	2.1	0.4	0.5
墩号 节段	12'#	13'#	14'#	15'#	16'#	17'#	18'#	19'#	20'#	21'#	22'#	—
工业 大道侧	35.7	36.9	37.4	36.9	36.1	34.1	31.4	28.1	24.8	23.2	18.9	—
岷东 大道侧	38.5	39.9	40.4	40.0	39.2	37.2	34.2	30.6	26.8	24.5	38.5	—

第5章 挂篮变形对主梁立模标高的影响研究

5.1 概述

悬臂挂篮浇筑法是目前预应力混凝土连续刚构桥常见的施工方法,其施工方法是将梁划分成长度比较合理的梁段,并且在挂篮上悬臂对称浇筑混凝土梁段。挂篮是一个相对来说比较独立且可以在桥梁纵向自由行走的承重系统,挂篮支承在达到设计要求强度、已经施加预应力的前端混凝土梁段上,挂篮安装后对后一个梁段进行模板安装、普通钢筋绑扎,然后进行混凝土的现浇、预应力钢筋的张拉等工序。完成本节梁段施工后,可以将挂篮的约束解除,挂篮沿桥梁纵向前进,对下一个梁段进行相同的工序施工,直到完成合龙为止。悬臂挂篮施工法完全不影响交通,是大跨度桥梁在很多复杂地形中首选施工方法之一。挂篮按构造形式可分为4种,即桁架式挂篮、斜拉式挂篮、型钢式挂篮和混合式挂篮;挂篮按抗倾覆平衡方式可分为3种,即压重式挂篮、锚固式挂篮和半压重半锚固式挂篮。

在大跨径预应力混凝土连续刚构桥悬臂施工过程中,在浇筑每一个梁段前都需要获得比较准确的立模标高。在梁段施工过程中会产生累计变形、挂篮的弹性变形以及使用过程中混凝土长期收缩徐变的变形,为了抵消这些变形所产生的挠度,一般挂篮上的模板都需要设置比较合理的预拱度,使得桥梁线形在成桥一段时间以后能够达到设计范围内的标高。立模标高计算公式为:

$$H_i = H_0 + f_i + f_y + f_m$$

式中 H_i——待浇段箱梁模板标高;

H_0——该梁段设计标高;

f_i——梁段挂篮的变形值;

f_y——梁段预拱度;

f_m——标高调整值。

其中,挂篮的变形值 f_i 一般是根据挂篮预压加载试验,实际测量出挂篮的弹性变形值以及非弹性变形值,再通过其他数据整合,得到关于挂篮荷载的对应挠度曲线,由这条曲线内插计算得到。标高调整值 f_m 一般为几毫米,其主要影响因素是施工误差、施工荷载和温度变化。

挂篮拼装好后,应进行预压和加载试验,以检验其承载能力和消除非弹性变形,并实测挂篮的变形值。根据挂篮试压加载各项测试结果,绘出挂篮荷载-挠度曲线,为箱梁施工监控提供可靠依据。通过对施工挂篮进行静力荷载试验:

①检验挂篮结构的强度和刚度是否满足设计要求,尤其是主要受力构件是否满足承载力要求。

②检验挂篮的整体性是否满足实际受力要求(如翼缘板、腹板、底板是否会产生相对移动)。

③消除挂篮的非弹性变形。

④获取弹性变形系数,取得挂篮弹性变形与荷载的线形关系,为挂篮施工和线形控制提供可靠依据。

在现场施工过程中,挂篮变形的影响因素众多,在挂篮加载试验时,测量的数据可能不够精确,从而导致在悬臂阶段的立模标高同样不够精确,本章根据工程实例,对挂篮变形值线性回归方程进行研究,得出相关结论。

5.2 挂篮荷载计算及相关参数

连续梁三角形挂篮模板主要由主桁系统、走行锚固系统、导向系统、前上横梁系统、底篮系统、平台系统、模板系统等组成。三角形挂篮具有结构简洁、受力明确、拆装锚固方便等特点。主要组成部分包括主桁架、悬吊系统、锚固系统、行走系统、底模板。从整体看,挂篮荷载有一半左右通过前吊带(或吊杆)传至主桁上节点,菱形桁架以铰接模式计算杆力,其前下节点支于箱梁顶板前侧,后下节点则通过竖向预应力筋或预埋钢筋锚于梁上。根据《公路桥涵施工技术规范》(JTG/T 3650—2020)中挂篮的设计要求:挂篮的质量与梁段混凝土的质量比值应该为 0.3~0.5,在比较特别的时候其比值也不应该大于 0.7。在该桥中,最大悬臂的梁段为 1#梁段,该梁段重 1 070 kN,挂篮自重 372 kN,该桥挂篮质量与梁段混凝土最大的质量比为 0.348。大桥的挂篮形式如图 5.1 所示。

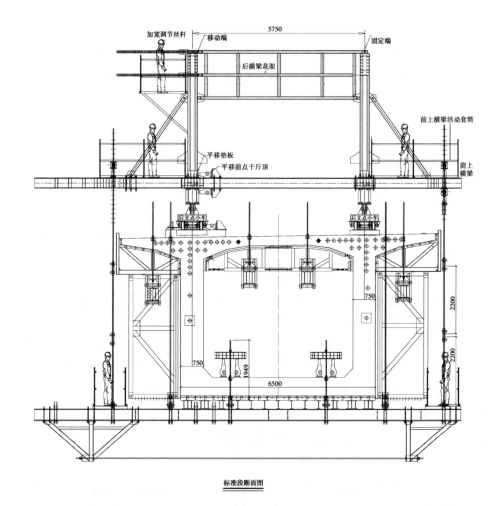

标准段断面图

图 5.1　挂篮布置图

变形计算中考虑的荷载如下:

①混凝土自重:选择干混凝土容重的理论系数的 1.05 倍,则混凝土的容重取值为 $G = 26$ kN/m^3。

②钢材弹性模量:$E_s = 2.1 \times 10^5$ MPa。

③挂篮自重:$M_{gl} = 372$ kN,不包括主桁架及行走系统。

④施工人员、施工机具及其他荷载为 2.5 kN/m^2。

⑤主桁架、底栏、模板系统、主桁架斜拉带为 Q235 钢材。

⑥荷载组合:混凝土的湿重+挂篮的自重+人群和机具荷载。

主桁架重 10.3 t,行走系统重 5.5 t,前横梁重 3 t(包括所有扁担梁),底托系统重 7.9 t,底模重 3 t,侧模重 9 t,内模、内模支架及内滑梁提吊系统重 7.1 t,外滑梁重 1.7 t,端模重 0.5 t(估算),吊杆及其他重 4 t(估算),整个挂篮系统重 52 t。

5.3　挂篮加载试验

挂篮加载试验可以检查挂篮的加工及安装质量,确保悬臂施工的安全;可以消除挂篮在受力过程中产生的非弹性变形,使得弹性压缩的数值变得更加精确。测量出挂篮的弹性变形值和非弹性变形值,依据两者的相关数据可以预测出挂篮在悬臂浇筑法施工过程中的变形值,为立模标高值的确定提供理论依据,并且可以得到挂篮变形值对立模标高值的影响程度,对该桥的施工控制有着重要的指导作用。

5.3.1　试验方法

挂篮预压试验采用堆载法,堆载前先计算悬臂施工过程中最重号段的重量(为 1#块),并且以此重量的 115% 作为预压试验的最终加载重量。在挂篮前端底模上和前端横梁上的左右两边分别设置测量点,用来判断预压荷载是否均匀地作用在挂篮上,再确定每一个点的初始标高,用来采集挂篮的变形值。

加载顺序:加载底板混凝土重量、加载腹板混凝土重量、安装顶板模板、加载顶板混凝土重量、加载翼板混凝土重量,把各部位的重量加在相应位置上,每次加载重量按分级时计算好的重量进行操作,分级加载中最大重量是悬臂浇筑中梁段混凝土最大重量的 1.15 倍。1.15 倍的最大重量堆放完成后,等待 3 d 再进行观测。

①按照预压方案的具体内容,挂篮在预压过程中需要对逐级加载和卸载的每一阶段进行高程测量。受现场条件限制,采用全站仪观测。测量时要求精度非常高,挂篮预压时需两人一起,一人观测一人记录。挂篮预压沉降观测布置方案:在挂篮的下部横梁布置基准观测点,设置两排观测点于纵向悬臂、横向悬臂方向,在底面端点及其中心各布置一排。全程采用全站仪观测预压前及各级加载后的标高,并在卸载后再次观测。测量点位位于挂篮底平台的外边缘。

②安装挂篮,铺设底模板,通过塔吊吊起沙袋,并将其均匀地放置于挂篮,按顺序从下横梁向两侧逐步展开,为了能较为真实地模拟混凝土荷载,按照单位横断面荷载分布情况进行堆放(图 5.2),实现预压,沙袋均匀堆放并预留观测位置。

图 5.2　挂篮预压试验沙袋堆载

③堆放沙袋前预先测出观测点标高,观测按计算荷载加载到 30%、60%、80%、100% 时的测点标高,记录测点数据,测量各点标高变化,观测按计算荷载加载到 115% 时的测点标高,测量 6 h、12 h、24 h 后测点标高,若稳压 24 h 后的变形小于 2 mm,认为挂篮预压已达稳定,即可卸载,否则应继续进行观测。

④分级卸载,测量卸载至 60% 的测点标高,观测各点标高变化,再次测量卸载至 100% 荷载的测点标高,记录标高数据。

5.3.2　预压试验结果

挂篮预压试验完成后,对逐渐加载和卸载过程中每一次测量数据进行统计、整理以及分析,可以得到挂篮的弹性变形值和非弹性变形值,见表 5.1。

表 5.1　挂篮预压变形值　　　　　　　　　单位:m

测点	卸载前 标高	加载后								卸载 6 h 后	
		0 h		24 h		48 h		72 h		标高	弹性形变量
		标高	沉降量	标高	沉降量	标高	沉降量	标高	沉降量		
1-1	212.757	212.709	0.048	212.684	0.025	212.672	0.012	212.671	0.001	212.69	0.019
1-1	212.786	212.732	0.054	212.711	0.021	212.698	0.013	212.698	0	212.716	0.018
1-3	207.869	207.818	0.051	207.784	0.034	207.761	0.023	207.760	0.001	207.777	0.017
1-4	207.974	207.919	0.055	207.896	0.023	207.885	0.011	207.885	0	207.902	0.017
1'-1	212.724	212.676	0.048	202.653	0.025	212.643	0.01	212.643	0	212.661	0.018
1'-2	212.724	212.706	0.051	212.663	0.043	212.631	0.032	212.631	0	212.649	0.018
1'-3	207.698	207.645	0.053	207.627	0.018	207.616	0.011	207.616		207.634	0.018
1'-4	207.668	207.619	0.049	207.597	0.022	207.582	0.015	207.616	0	207.600	0.019

根据表 5.1 中数据可知,挂篮的加工与安装质量可靠,主纵梁及锚固系统受力合理。中跨和边跨的挂篮的总变形值、非弹性变形和弹性变形的差值都控制在 2 cm 内,证明此次测量数据有效。

5.4　施工中挂篮的变形控制分析

对大桥 3#墩边跨的立模标高数据进行整理,得到其梁段预拱度 f_i、梁段挂篮变形值 f_y 和标高调整值 f_m,见表 5.2。

边跨梁段挂篮变形值 f_i 占到三者合计值 f 的 23% ~ 60%,中跨梁段挂篮变形值 f_i 占到三者合计值 f 的 10% ~ 50%。可见挂篮变形值 f_i 在立模标高中所占比例之重,精确得到挂篮变形值,对指导桥梁的线形控制具有重要意义。

表 5.2 立模标高中各值汇总

位置	梁段	设计预拱度 f_y	梁段挂篮变形值 f_i	标高调整值 f_m	三者合计值 f
边跨	16	0.041	0.018	0	0.059
	15	0.065	0.019	0	0.084
	14	0.080	0.019	0.005	0.104
	13	0.085	0.02	0.004	0.109
	12	0.074	0.02	0.005	0.099
	11	0.060	0.021	0.008	0.089
	10	0.045	0.022	0	0.067
	9	0.031	0.025	0.004	0.06
	8	0.022	0.028	0.004	0.054
	7	0.018	0.03	0	0.048
	6	0.015	0.023	0.01	0.048
	5	0.014	0.025	0.005	0.044
	4	0.014	0.026	0.003	0.043
	3	0.013	0.027	0	0.04
	2	0.013	0.028	0.01	0.051
	1	0.017	0.029	0.002	0.048
中跨	1'	0.018	0.029	0.002	0.049
	2'	0.021	0.028	0.01	0.059
	3'	0.027	0.027	0	0.054
	4'	0.033	0.026	0.002	0.061
	5'	0.042	0.025	0.008	0.075
	6'	0.051	0.023	0.011	0.085
	7'	0.062	0.03	0	0.092
	8'	0.077	0.028	0.006	0.111

续表

位置	梁段	设计预拱度 f_y	梁段挂篮变形值 f_i	标高调整值 f_m	三者合计值 f
中跨	9′	0.093	0.025	0.005	0.123
	10′	0.108	0.022	0.002	0.132
	11′	0.125	0.021	0.008	0.154
	12′	0.142	0.02	0.005	0.167
	13′	0.159	0.02	0.003	0.182
	14′	0.165	0.019	0.005	0.189
	15′	0.164	0.019	0	0.183
	16′	0.154	0.018	0	0.172

第6章 混凝土收缩徐变对大跨度连续刚构桥长期挠度的影响

混凝土在持续荷载的作用下,其变形随着时间的增加而不断增加的现象称为徐变。在混凝土桥梁施工控制过程中,最复杂的影响是混凝土的徐变收缩所产生的效应。混凝土的徐变效应是随着时间的增长而不断发生变化的,从混凝土浇筑的那一刻直到整个结构失去作用都一直存在,始终贯穿于整个桥梁。

6.1 影响混凝土徐变的因素

影响连续刚构桥梁段预拱度值的因素有很多,但很多因素影响非常小(如预应力损失)或者规范中不予考虑(如温度)等,故取梁段预拱度值 f_y 计算公式为:

$$f_y = f_{恒} + \frac{1}{2}f_{活} + f_{徐}$$

式中　f_y——梁段预拱度值;

　　　$f_{恒}$——恒载引起的下挠值;

　　　$f_{活}$——活载引起的下挠值;

　　　$f_{徐}$——徐变引起的下挠值。

本章在研究恒载引起的下挠值 $f_{恒}$ 和一半活载引起的下挠值 $f_{活}$ 对施工预拱度影响的同时,还对不同徐变模型引起的下挠值 $f_{徐}$ 进行研究,为预应力混凝土连续刚构桥施工预拱度设置提出一定的建议。

影响混凝土的因素有很多,并且非常复杂,可以分为内部因素和外部因素两个部分,如图6.1所示。

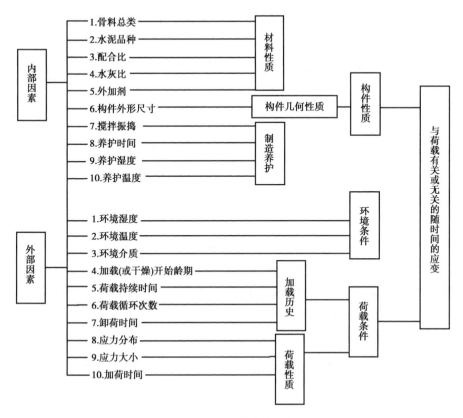

图 6.1　影响徐变的因素

下面简要说明影响混凝土徐变相关因素的情况。

（1）水泥种类

虽然水泥种类对混凝土的徐变影响不大，但是不同水泥种类会影响混凝土受载龄期的强度。当混凝土中水泥用量大或水泥浆大时，则水泥凝胶体在混凝土组成成分中所占的比例大，徐变效应也会越大。在同龄期的情况下，当对不同种类水泥的混凝土施加荷载时，其水化程度（即成熟度）越小，水泥石结构孔隙率越大，徐变就越大。早强水泥的徐变比普通水泥小，但是两者最终的徐变量是一样的。

（2）骨料的影响

混凝土组成成分中的粗、细骨料在混凝土内部起骨架、填充作用。通常情况下，骨料是惰性的，当混凝土承受外荷载时，骨料会瞬时弹性变形且变形量很小,通常可忽略不计。通常骨料的孔隙率决定其吸水率,而骨料的孔隙率越大,其弹性模量越小。在混凝土内部,水泥石的变形会被骨料约束,而骨料的硬度(弹性模量)和含量决定着对水泥石变形的约束程度。

（3）水灰比

水灰比是直接影响混凝土收缩徐变的因素之一。水灰比与混凝土徐变成正比关系,即混凝土徐变随水灰比的变化而变化,水灰比的取值越小,产生的徐变也越小,反之越大。当混凝土的水灰比越大,混凝土内部越不密实,孔隙率大、强度越低,产生的徐变就越大。

（4）加荷时的龄期

混凝土徐变与混凝土强度及其受外荷载的时间成反比关系,即混凝土强度越小且受外荷载的时间越短,则徐变越小,反之越大。例如,混凝土养护初期,内部水化反应程度低,强度小,徐变大;随着养护时间的延长,内部水化反应程度高,强度增加,徐变小。

（5）持荷时间

混凝土徐变与混凝土持荷时间成正比,而混凝土徐变速率与混凝土持荷时间成反比。通常混凝土徐变能贯穿混凝土的使用期限,但前两年大部分徐变已完成。

（6）构件尺寸

混凝土徐变与构件尺寸成反比关系。原因在于：

①尺寸大小决定混凝土中水分蒸发的快慢,若水分蒸发快,会出现附加的干燥徐变；

②小尺寸构件能容纳的大粒径骨料非常有限,这会增加混凝土的灰浆率,会产生较大的徐变。

6.2　徐变对预应力混凝土桥梁结构的影响

混凝土的收缩徐变从桥梁的建设期间开始就一直存在。预应力混凝土的徐变时刻都在发生变化,其产生的作用也随时间的改变而改变。为了预测徐变可能对预应力结构带来的危害及预应力桥梁的施工预拱度,本节对预应力结构的徐变进行了研究。徐变产生的影响主要如下：

(1)徐变导致钢筋混凝土构件产生内力重分布

对于钢筋混凝土结构来说,钢筋属于弹性变形,混凝土会收缩徐变,当这两种作用相互变化时,其内部会达到受力平衡。对于钢筋混凝土构件来说,混凝土产生改变,钢筋受到的应力增加,根据力的相互作用,预应力钢筋也开始改变,导致出现预应力损失。这不同于预应力钢筋混凝土构件的初始受力,因此会产生内力重分布。

(2)徐变导致超静定结构产生次内力

大跨度预应力连续刚构桥的施工过程属于静定结构,若中跨和边跨合龙,则变成超静定结构。若超静定结构约束了混凝土的收缩徐变,则结构内部会产生次内力。次内力的大小与混凝土的收缩徐变程度成正比关系,会影响桥梁结构的受力。

(3)混凝土的收缩徐变会使梁体表面开裂

梁体表面收缩被内部混凝土所约束,产生收缩应力,将使梁体表面产生裂缝。预应力钢筋锚固部位周围是应力集中或高应力区域,加上混凝土收缩徐变的影响,此部位会加速裂缝的出现。偏心受压带缺口的混凝土试件在持续一个月的常载作用下,由于混凝土收缩徐变的存在,会增长缺口处开裂槽的位移,加速构件破坏。

(4)徐变可能造成梁体的脆性破坏

在恒载的长期作用下,桥梁的箱梁结构受徐变效应的影响,其应力时刻在变化,成桥后箱梁在活载和恒载共同作用下,其应力峰值比设计时的应力峰值高,而混凝土是脆性材料,当结构所受到的临界荷载大于设计的临界荷载时,梁体就发生脆性破坏。

(5)徐变导致桥梁结构中受压区的挠度增加

在徐变的影响下,受压的墩柱基础发生沉降,经过一年多对桥墩承台进行观测发现,虽然沉降值很小,但墩柱基础沉降仍是存在的。在自重和预应力的共同作用下,箱梁长期承受压应力,正是这种压应力的长期存在,致使混凝土的收缩徐变使箱梁的曲率增加,同时挠度随时间的延长而增大。本章主要研究预应力连续刚构桥中徐变对挠度的影响。

为了研究和分析混凝土的收缩徐变效应,国内外专家及学者提出不少收缩徐变计算模型。但迄今为止没有一种理论计算模型可以精确预测和掌握混凝土的全部收缩徐变特性,这是因为其影响因素众多并且机理复杂。

对于采用悬臂施工法的大跨度预应力混凝土连续刚构桥来说,现实情况下悬臂施工工期的不同,导致两悬臂在合龙之前会等待不同的时间,而此时会产生不同的徐变变形。对徐变变形,由于人们无法准确预测,造成合龙困难的情况经常发生。为了保证桥梁在最后阶段能够顺利合龙,达到设计要求,研究收缩徐变是非常有必要的。在施工过程中,对收缩徐变引起的桥梁挠度值,可以通过施加预拱度的方式进行控制,最后达到规范要求。混凝土收缩徐变是一个长期的过程,对桥梁应力的影响可谓无时无刻不在,外界不可控因素的影响使得收缩徐变对应力的影响规律无法准确地把握,随着施工过程的进行,应力监控不准确,会造成桥梁的最后成桥线形出现很多不确定因素,从而导致受力不均匀,产生裂缝,危及桥梁的使用安全。

徐变对结构的影响有利有弊。徐变会导致预应力混凝土结构的预应力损失、大跨度梁挠度增大,这些属于徐变对结构的有害影响,在这样的情况下应尽量控制混凝土徐变。徐变对一些结构也有有利的方面,比如,在大体积混凝土结构中,徐变可以减小温度应力,减少收缩裂缝;在结构应力集中区和因基础不均匀沉陷引起局部应力的结构中,徐变能削减这类结构的应力峰值。在这样的情况下,在保持强度不变的前提下,可以设法提高混凝土的徐变。

在钢筋混凝土以及预应力混凝土等配筋构件中,在受到内部配筋约束的情况下,混凝土收缩徐变将导致内力重分布。内力重分布的一种具体表现形式就是预应力损失。

预制的混凝土梁或钢梁和就地浇灌的混凝土板拼装而成的结合梁,会因为预制部分与现浇部分之间存在不同的收缩徐变值而引发内力重分布。同样,梁体内具有不同收缩徐变特性的组成部分会因为变形不同、互相制约而引发内力或应力变化。

一些分阶段施工的预应力混凝土超静定结构,如连续梁、刚梁、斜拉桥、拱桥等,当体系转换完成后,后期结构的新约束会影响从前期结构继承而来的应力状态,并引发结构内力和支点反力的重分布。

本章采用 4 种预测模型对连续刚构桥进行收缩徐变效应分析,研究了收缩徐变效应对结构变形及内力的影响,主要围绕结构在施工及运营阶段内力和变形两个方面进行。本书主要针对连续刚构桥的关键施工阶段和运营阶段进行分析,对比是否考虑收缩徐变效应对结构的影响以及比较不同收缩徐变模型对结构影响的差异。

6.3　混凝土收缩徐变预测模型

6.3.1　CEB-FIP1990 规范

(1)徐变函数

混凝土徐变系数为:

$$\phi(t,t_0) = \phi(\infty,t_0)\beta_c(t-t_0) \tag{6.1}$$

$$\phi(\infty,t_0) = \beta(f_c)\beta(t_0)\phi_{RH} \tag{6.2}$$

$$\beta_c(t-t_0) = \left[\frac{t-t_0}{\beta_H+(t-t_0)}\right]^{0.3} \tag{6.3}$$

式中　$\beta(f_c)$——按混凝土抗压强度计算的参数,$\beta(f_c) = 16.76/\sqrt{f_c}$;

$\beta(t_0)$——根据加载龄期计算的参数,$\beta(t_0) = 1/(0.1+t_0^{0.2})$;

ϕ_{RH}——取决于环境的参数,$\phi_{RH} = 1+\dfrac{1-RH/100}{0.1(2A_c/u)^{\frac{1}{3}}}$;

β_H——依据相对湿度和构件尺寸,$\beta_H = 1.5\left[1+(1.2\dfrac{RH}{100})^{18}\right]\dfrac{2A_c}{u}+250 \leqslant$

1 500。

(2)收缩函数

混凝土在未加载情况下平均收缩应变的计算式为:

$$\varepsilon_{cs}(t,t_s) = \varepsilon_{cso}\beta_s(t-t_s)$$

$$\beta_s(t-t_s) = \sqrt{\frac{t-t_s}{0.035\left(\dfrac{2A_c}{u}\right)^2+(t-t_s)}} \tag{6.4}$$

式中　ε_{cso}——名义收缩系数,$\varepsilon_{cso} = \beta_{RH}\left[160+\beta_{sc}(90-f_c)\right]\times10^{-6}$,其中,$\beta_{sc}$ 取决于水泥品种,β_{RH} 取决于环境的相对湿度。

6.3.2 ACI 209 规范

ACI 209 系列模型是由美国混凝土协会(American Concrete Institute)提出,运用连乘的形式来解决收缩徐变问题。

(1)徐变函数

混凝土徐变系数为:

$$\phi(t,t_0) = \left[\frac{t - t_0}{10 + (t - t_0)}\right]^{0.6} \phi(\infty) \tag{6.5}$$

式中 $\phi(\infty)$——表示混凝土徐变系数的终极值,$\phi(\infty) = 2.35\gamma_{ca}\gamma_{ch}\gamma_{cd}$;

t——计算考虑时刻的混凝土龄期,d;

γ_{ca}——混凝土加载龄期的调整系数;

γ_{ch}——构件所处环境相对湿度的调整系数;

γ_{cd}——构件截面尺寸的调整系数。

(2)收缩函数

混凝土收缩应变为:

$$\varepsilon_{sh}(t,t_0) = \frac{t - t_0}{H + t - t_0}\varepsilon_{sh\infty} \tag{6.6}$$

$$\varepsilon_{sh\infty} = 78\gamma_{CP}\gamma_{\lambda}\gamma_{h}\gamma_{s}\gamma_{\psi}\gamma_{c}\gamma_{air} \times 10^{-5} \tag{6.7}$$

式中 H——与养护条件有关,湿养护条件下为 35,蒸汽养护条件下为 55;

$\varepsilon_{sh\infty}$——收缩应变终极值;

γ_{CP}——初始养护条件校正系数;

γ_{λ}——环境相对湿度影响系数;

γ_{h}——构件理论厚度影响系数;

γ_{s}——混凝土坍落度影响系数;

γ_{ψ}——细骨料含量影响系数;

γ_{c}——水泥含量影响系数;

γ_{air}——空气含量影响系数。

6.3.3 中国规范

JTG 3362—2018 规范即中交 18 规范以 CEB-FIP 1990 规范为基础,与之不

同的是采用了立方体抗压强度。

（1）徐变函数

混凝土徐变系数为：

$$\phi(t,t_0) = \phi_0\beta_c(t-t_0) \tag{6.8}$$

在式（6.8）中，ϕ_0，$\beta_c(t-t_0)$ 为徐变相关系数，采用的数值与 CEB-FIP 1990 规范相同，在此不一一赘述。

（2）收缩函数

混凝土收缩应变为：

$$\varepsilon_{cs}(t,t_s) = \varepsilon_{cso}\beta_s(t-t_s) \tag{6.9}$$

在式（6.9）中，ε_{cso} 为收缩相关系数，$\beta_s(t-t_s)$ 为徐变收缩系数，采用的数值与 CEB-FIP 1990 规范相同，在此不一一赘述。

6.3.4 日本规范

（1）徐变函数

混凝土徐变系数为：

$$\varphi(t,t_0) = \varphi_{d_0}\beta_d(t-t_0) + \varphi_{f_0}[\beta_f(t) - \beta_f(t_0)] \tag{6.10}$$

式中　ε'_{s0}——名义收缩系数；

β_d——加载后徐变随时间发展的系数。

（2）收缩函数

混凝土收缩应变为：

$$\varepsilon'_{cs}(t,t_0) = \varepsilon'_{s0}[\beta_s(t) - \beta_s(t_0)] \tag{6.11}$$

式中　ε'_{s0}——名义收缩系数；

β_s——收缩随时间发展的系数。

6.4 收缩徐变对挠度的影响

（1）收缩徐变对悬臂施工阶段的挠度影响

本小节针对模型中龙溪嘉陵江大桥的第 24# 块进行有限元模拟分析，此阶段是悬臂施工过程中最大悬臂状态。根据中交 18 规范计算分析最大悬臂状态下全梁段收缩徐变产生的挠度值以及总挠度值,并且取 8#墩为研究对象,T 形悬臂的挠度曲线如图 6.2 所示。挠度值的正负规定:向下的挠度值为负。

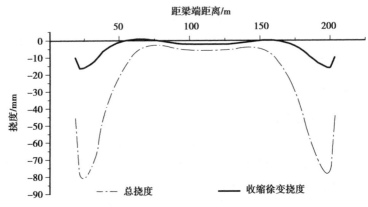

图 6.2　悬臂变化过程中收缩徐变引起的挠度变化图

由图 6.2 可知,大跨度连续刚构桥在悬臂施工过程中,随着距梁端距离不断增加,挠度呈增加趋势,但最大绝对值为 16.4 mm 左右,约占总挠度的 20.5%,收缩徐变对其挠度的影响较明显。

(2)收缩徐变效应对成桥后挠度的影响

1)是否考虑收缩徐变

本小节采用中交 18 规范计算分析该连续刚构桥成桥 10 年时是否考虑收缩徐变对桥梁总挠度的影响。规定:纵桥向起始坐标为 8#墩边跨的最大悬臂梁端。详情如图 6.3、图 6.4 所示。

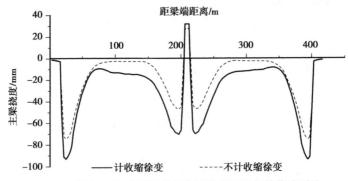

图 6.3　成桥 10 年时是否考虑收缩徐变所引起的挠度对比

　　由图6.3可知,在跨中附近位置是否考虑收缩徐变所引起的挠度差值最大,其最大绝对值达到23 mm左右。由此可知,收缩徐变引起的挠度占很重要的一部分,并且对主跨的影响大于对边跨的影响,所以在分析和计算大跨度连续刚构桥时必须考虑混凝土的收缩徐变。

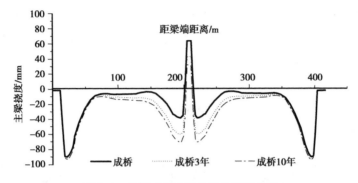

图6.4　成桥后各阶段全桥总挠度曲线

　　由图6.4可知,成桥3年的曲线距成桥时的曲线较远,而距成桥10年的曲线较近,说明成桥3年期间大跨度连续刚构桥下挠变化明显,而3年后下挠的趋势逐渐减弱。在边跨位置3条曲线较紧密,而在主跨位置较稀疏,说明随着时间的增长边跨下挠并不明显,而主跨下挠非常明显。

　　2)采用不同收缩徐变预测模型对挠度的影响

　　本小节采用4种不同的收缩徐变预测模型,分析大跨度连续刚构桥成桥以及成桥10年阶段的挠度,如图6.5、图6.6所示。

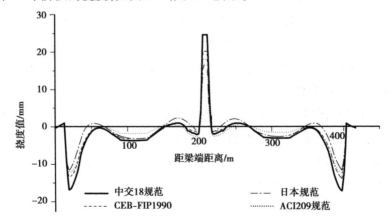

图6.5　4种收缩徐变预测模型成桥阶段挠度值对比

如图 6.5 所示,采用不同收缩徐变预测模型对成桥阶段挠度值的影响差别不是很大,其中采用中交 18 规范时挠度绝对值最大,采用日本规范时挠度绝对值最小。采用 CEB-FIP 1990 和 ACI 209 规范时桥梁下挠曲线较为接近,说明两种收缩徐变预测模型对挠度产生的影响较相似。采用 4 种不同收缩徐变预测模型对挠度进行分析时,大跨度连续刚构桥在边跨和墩顶都有明显下挠现象,在主跨跨中均表现出上翘,并且主跨跨中的挠度绝对值最大,而边跨跨中的挠度绝对值要大于墩顶。

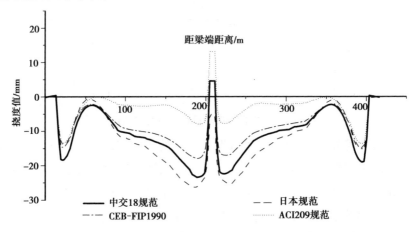

图 6.6　4 种收缩徐变预测模型成桥 10 年阶段挠度值对比

如图 6.6 所示,成桥 10 年阶段采用 4 种收缩徐变预测模型的结果是都会产生下挠影响,由于采用的模型不同,挠度变化的趋势也不尽相同。相较于成桥阶段,边跨跨中的下挠趋势较为均匀,采用中交 18 规范时挠度绝对值最大,采用日本规范时挠度绝对值最小。对比墩顶位置,采用日本规范时挠度大幅度降低,而采用 ACI 209 规范时挠度降低的趋势最不明显。在主跨跨中位置,挠度值随时间逐渐减小,采用日本规范时减小趋势最为明显,相反采用 ACI 209 规范时挠度值下降最小,CEB-FIP1990 和中交 18 规范的曲线介于日本规范和 ACI 209 规范之间且较为接近,最终挠度值也较为相似。总的来说,日本规范的挠度发展速度最为明显,ACI 209 与之相反,CEB-FIP1990 和中交 18 规范的发展速度介于两者之间,说明随着时间的增加,采用不同预测模型所得到的结果会产生较大的差异。

采用 4 种不同的收缩徐变预测模型进行分析时,该大跨度连续刚构桥均会随着时间逐渐出现下挠变化,并且变化速率有明显差异。无论是成桥阶段还是成桥 10 年阶段,边跨和墩顶的挠度值都小于主跨跨中的挠度值。表 6.1 记录了采用 4 种不同收缩徐变预测模型在成桥阶段和成桥 10 年阶段由收缩徐变引起的挠度值。

表 6.1　边跨、墩顶及主跨跨中由收缩徐变引起的挠度值

截面	预测模型	收缩徐变引起的挠度/mm		挠度差值 /mm
		成桥	成桥 10 年	
8#墩边跨跨中	中交 18 规范	3.13	5.25	2.12
	日本规范	0.18	2.92	2.74
	CEB-FIP1990	2.47	4.31	1.84
	ACI209 规范	2.60	3.73	1.13
8#墩墩顶	中交 18 规范	3.71	11.11	7.40
	日本规范	3.19	13.02	9.83
	CEB-FIP1990	3.11	9.52	6.41
	ACI209 规范	1.79	2.56	0.77
8#—9#墩主跨跨中	中交 18 规范	24.62	4.54	20.08
	日本规范	16.60	−5.17	21.77
	CEB-FIP1990	20.10	4.86	15.24
	ACI209 规范	18.08	13.10	4.98
9#墩墩顶	中交 18 规范	3.05	9.19	6.14
	日本规范	2.62	10.76	8.14
	CEB-FIP1990	2.56	7.88	5.32
	ACI209 规范	1.46	2.08	0.62
9#墩边跨跨中	中交 18 规范	2.72	4.91	2.19
	日本规范	0.08	3.10	3.02
	CEB-FIP1990	2.16	4.03	1.87
	ACI209 规范	2.29	3.37	1.08

6.5 收缩徐变对内力的影响

采用中交 18 规范分别计算了是否考虑收缩徐变的情况下桥梁结构内力的变化,以求能够详细分析收缩徐变对内力的影响。表 6.2 给出了成桥以后主跨跨中截面以及两侧墩顶截面的轴力和弯矩计算结果。

表 6.2 内力计算结果

节点	阶段	考虑收缩徐变		不考虑收缩徐变	
		轴力/kN	弯矩/(kN·m)	轴力/kN	弯矩/(kN·m)
8#墩墩顶截面	成桥	−547 477	184 730	−547 758	181 535
	成桥 3 年	−535 360	104 847	−536 934	132 468
	成桥 10 年	−529 776	70 812	−531 840	108 790
主跨跨中截面	成桥	−156 405	−66 720	−156 963	−75 677
	成桥 3 年	−145 856	−42 787	−148 983	−56 265
	成桥 10 年	−142 634	−34 827	−146 717	−50 029
9#墩墩顶截面	成桥	−543 166	150 385	−543 449	131 817
	成桥 3 年	−530 618	113 117	−532 199	88 401
	成桥 10 年	−524 836	94 859	−526 915	67 133

由表 6.2 可知,收缩徐变对弯矩的影响比较明显,在是否考虑收缩徐变的两种情况下,弯矩的计算结果有着较大差值。相比之下,收缩徐变对轴力的影响偏小,这种情况是因为预应力混凝土发生收缩徐变时,收缩徐变受到预应力钢筋和普通钢筋的约束,在梁内导致内力重分布。

第7章 预应力损失对大跨度连续刚构桥长期挠度的影响

7.1 概论

　　纵观大跨度预应力混凝土连续刚构桥可以发现,其极易受以下因素影响:一是桥梁的施工品质;二是混凝土材料的性能;三是所处的具体环境等。这些因素会使主梁有效预应力受到影响,继而形成损失,而预应力损失是促使跨中长期下挠产生的关键因素之一。上述因素的影响会随着时间而持续加深,预应力损失越发明显。预应力钢筋的主要作用机制及原理在于,针对混凝土截面,对其施以预压力,避免混凝土开裂,减小跨中下挠的危害。在预应力损失不断上升时,等同于对混凝土截面施以反向拉力,使其换算至不同截面的中心轴处,形成一个能够让结构发生向下变形变弯的弯矩,最后引起混凝土开裂,导致跨中下挠现象的出现。一般而言,需对系列应力损失值进行思考:孔壁之间发生摩擦以及预应力钢筋壁间导致的应力损失;混凝土收缩徐变、预应力钢筋松弛、锚具发生变形、混凝土弹性变化导致的应力损失;预应力钢筋往回收缩及接缝压密导致的应力损失;预应力钢筋与台座间温度差异导致的应力损失。

　　本章以龙溪嘉陵江特大桥为工程实例进行分析,与已有的研究成果进行比较,选取合适的参数,并采用不同的计算方法分析由预应力损失造成的主梁挠度值的偏差。

7.2 计算模型的建立

7.2.1 工程概况

龙溪嘉陵江特大桥选址在合川向斜南东翼,重庆三环高速公路合川至长寿段 HC01 标段起始桩号 K0+000 ~ K16+931,桥梁中心桩号为 K2+836。桥梁全长 1 053 m,桥梁跨径布置为(3×30+4×30)m 预应力混凝土 T 梁+(108+200+108)m 预应力混凝土连续刚构+(5×30+5×30+4×30)m 预应力混凝土 T 梁。下部结构主墩、过渡墩及引桥 6#墩采用实体墩,桩基础;其余引桥墩采用柱式墩,桩基础。桥台采用肋板台,桩基础。

龙溪嘉陵江特大桥主桥部分为变截面连续刚构段,跨径组合(108+200+108)m。中支点梁高 12.5 m,为跨径的 1/16,边支点和跨中梁高 4.0 m,梁高按 2.0 次抛物线变化。顶板宽 21.50 m,设置 2% 横坡;底板水平,底板宽 13.5 m。采用直腹板形式,顶板标准段厚 0.32 m,加厚段 0.5 m。底板厚由跨中的 0.32 m 按 2.0 次抛物线变化到 1.2 m,墩顶底板加厚到 1.5 m。桥梁截面为单箱双室直腹板箱形截面。截面尺寸:顶板厚 20 cm,底板厚 32 ~ 90 cm,腹板厚 32 ~ 150 cm。箱梁节段长度 0#段为 7 m,其他节段长 2.0 ~ 5.0 m,共 25 个节段,合龙段长 2.0 m。全桥共设置 1 个主跨合龙段和两个边跨合龙段。

龙溪嘉陵江特大桥主墩采用双肢薄壁墩,单肢截面尺寸为 2.5 m×13.5 m,主墩采用整体基础,承台厚 5.0 m;桩基础采用 19ϕ2.8 m 钻孔灌注桩,按嵌岩桩设计。桩端进入中风化岩层满足设计高程且不小于 3 倍桩径。

龙溪嘉陵江特大桥总体布置如图 7.1 所示,典型主梁横断面如图 7.2 所示。

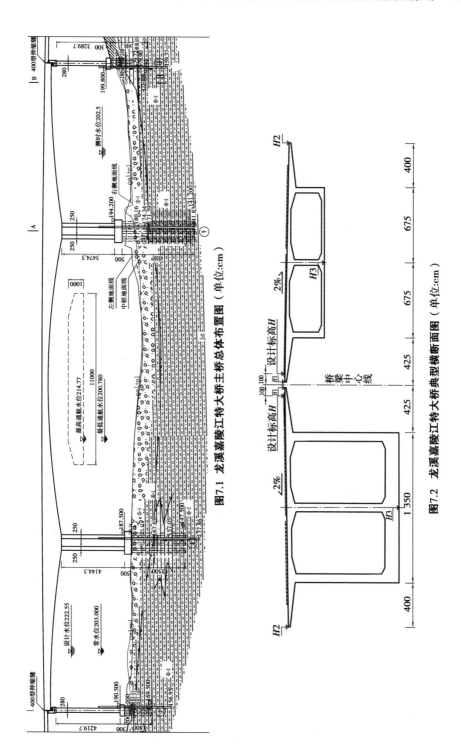

图7.1 龙溪嘉陵江特大桥主桥总体布置图（单位:cm）

图7.2 龙溪嘉陵江特大桥典型横断面图（单位:cm）

7.2.2 材料与节点划分

模型所用的材料及其用途见表 7.1。

表 7.1 桥梁模型材料表

材料		用途
混凝土	沥青混凝土	桥面铺装
	C55 混凝土	主梁
	C50 混凝土	引桥 30 m T 梁
	C45 混凝土	主墩墩身
	C35 混凝土	桩基
钢材	预应力钢筋	屈服强度 $f_{pk}=1\,860$ MPa，弹性模量 $E_p=1.95\times10^5$ MPa
	普通钢筋	HPB300,HRB400,HRB500
支座	球型钢支座	主桥
	四氟滑板支座、板式支座	引桥
全桥采用模数式伸缩装置		

按照该高墩大跨连续刚构桥的具体施工流程等信息,为便于完成仿真计算,各节点划分情况如下:

①按照主墩施工计划和设计资料对主墩完成单元分类,使用三维梁单元完成模拟分析。

②按照主梁施工方案将其分为 217 个节点、204 个单元,并通过三维梁单元完成模拟。

7.2.3 计算参数

(1)自重

箱梁结构自重,混凝土容重取 26 kN/m³。

（2）整体升降温

按整体升温 25 ℃考虑；按整体降温 25 ℃考虑。

（3）梁截面温度

混凝土顶板采用 10 cm 厚沥青混凝土铺装,日照正温差 T_1 采用 15 ℃,T_2 采用-7 ℃;日照反温差 T_1 采用-7 ℃,T_2 采用 15 ℃。

（4）徐变收缩

根据《公路钢筋混凝土及预应力桥涵设计规范》(JTG 3362—2018)表 6.2.7 选取收缩应变终极值以及徐变系数,并根据 JTG D62—2018 附录中的方法求出各阶段对应的系数。

（5）支座沉降

参考同类型桥梁资料,按照每个地基及基础的最大沉降量的最不利荷载组合进行计算。

第 1 组不均匀沉降-0.010 m;第 2 组不均匀沉降-0.020 m;第 3 组不均匀沉降-0.020 m;第 4 组不均匀沉降-0.010 m。

（6）可变荷载

活载:人群荷载,汽车荷载,桥梁等级为公路-Ⅰ级。

对于汽车荷载纵向整体冲击系数 μ,按照《公路桥涵设计通用规范》(JTG D60—2015)第4.3.2 条,可按下式计算:

①当 $f<1.5$ Hz 时,$\mu=0.05$。

②当 1.5 Hz $\leqslant f \leqslant 14$ Hz 时,$\mu=0.176\ 7\ \ln(f)-0.015\ 7$。

③当 $f>14$ Hz 时,$\mu=0.45$。

（7）人群荷载

按照《公路桥涵设计通用规范》(JTG D60—2015)第4.3.5 条,人群荷载标准值应按下列规定采用:当桥梁计算跨径小于或等于 50 m 时,人群荷载标准值为 3.0 kN/m^2;当桥梁计算跨径等于或大于 150 m 时,人群荷载标准值为 2.5 kN/m^2;当桥梁计算跨径为 50 ~ 150 m 时,可由线性内插得到人群荷载标准值。对跨径不等的连续结构,以最大计算跨径为准。

（8）风荷载

风荷载标准值根据《公路桥涵设计通用规范》(JTG D60—2015)中的具体

公式完成计算,风速设定为 $V_{10} = 24.9$ m/s。

（9）预应力

控制张拉力: $\sigma_{con} = 0.75 f_{pk}$;管道和工艺:预应力梁使用塑料波纹管和真空压浆技术,本桥钢束长度差别很大, μ 和 κ 值使用分级控制。

（10）施工荷载

挂篮荷载设定为 1 350 kN。

按照上述资料构建出的桥梁仿真计算模型如图7.3所示。

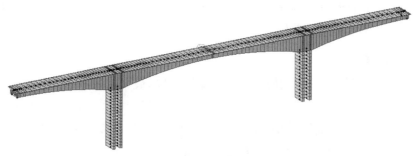

图7.3 桥梁仿真计算模型

7.2.4 施工阶段划分

该桥的施工阶段数量为30 ,施工阶段步骤见表7.2。

表7.2 大桥的施工阶段步骤

施工阶段	施工内容
施工阶段 1	下部以及基础施工
施工阶段 2	0#块形成,挂篮就位,浇筑1#块
施工阶段 3	l#块形成,张拉1#块预应力,挂篮前移,浇筑2#块
施工阶段 4	2#块形成,张拉2#块预应力,挂篮前移,浇筑3#块
施工阶段 5	3#块形成,张拉3#块预应力,挂篮前移,浇筑4#块
施工阶段 6	4#块形成,张拉4#块预应力,挂篮前移,浇筑5#块
施工阶段 7	5#块形成,张拉5#块预应力,挂篮前移,浇筑6#块
施工阶段 8	6#块形成,张拉6#块预应力,挂篮前移,浇筑7#块

续表

施工阶段	施工内容
施工阶段 9	7#块形成,张拉 7#块预应力,挂篮前移,浇筑 8#块
施工阶段 10	8#块形成,张拉 8#块预应力,挂篮前移,浇筑 9#块
施工阶段 11	9#块形成,张拉 9#块预应力,挂篮前移,浇筑 10#块
施工阶段 12	10#块形成,张拉 10#块预应力,挂篮前移,浇筑 11#块
施工阶段 13	11#块形成,张拉 11#块预应力,挂篮前移,浇筑 12#块
施工阶段 14	12#块形成,张拉 12#块预应力,挂篮前移,浇筑 13#块
施工阶段 15	13#块形成,张拉 13#块预应力,挂篮前移,浇筑 14#块
施工阶段 16	14#块形成,张拉 14#块预应力,挂篮前移,浇筑 15#块
施工阶段 17	15#块形成,张拉 15#块预应力,挂篮前移,浇筑 16#块
施工阶段 18	16#块形成,张拉 16#块预应力,挂篮前移,浇筑 17#块
施工阶段 19	17#块形成,张拉 17#块预应力,挂篮前移,浇筑 18#块
施工阶段 20	18#块形成,张拉 18#块预应力,挂篮前移,浇筑 19#块
施工阶段 21	19#块形成,张拉 19#块预应力,挂篮前移,浇筑 20#块
施工阶段 22	20#块形成,张拉 20#块预应力,挂篮前移,浇筑 21#块
施工阶段 23	21#块形成,张拉 21#块预应力,挂篮前移,浇筑 22#块
施工阶段 24	22#块形成,张拉 22#块预应力,挂篮前移,浇筑 23#块
施工阶段 25	23#块形成,张拉 23#块预应力,挂篮前移,浇筑 24#块
施工阶段 26	24#块形成,张拉 24#块预应力
施工阶段 27	在支架上浇筑边跨现浇段
施工阶段 28	在悬臂端进行相应配重以及安装吊架进行边跨合龙,张拉边跨合龙束
施工阶段 29	中跨合龙,张拉中跨合龙束
施工阶段 30	施加二期恒载,考虑 10 年收缩徐变影响

7.3　施工阶段计算结果

根据桥梁施工阶段,选择最大悬臂状态以及施工成桥状态下长短期的内力、应力以及位移进行计算,结果如下:

(1)最大悬臂状态

最大悬臂状态下的主梁内力、梁顶应力、梁底应力、主梁位移如图 7.4—图 7.7 所示。

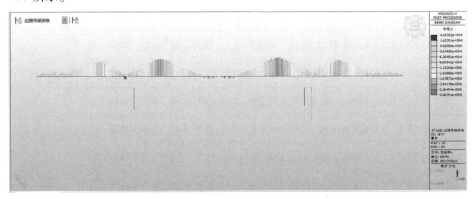

图 7.4　最大悬臂状态下的主梁内力(单位:kN·m)

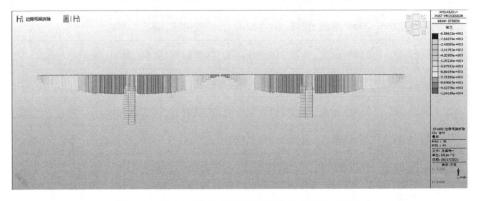

图 7.5　最大悬臂状态下的梁顶应力(单位:GPa)

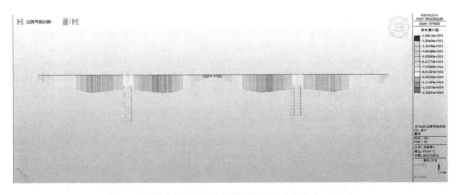

图 7.6　最大悬臂状态下的梁底应力（单位：GPa）

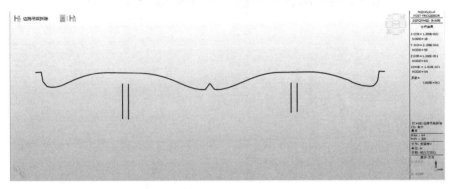

图 7.7　最大悬臂状态下的主梁位移（单位：m）

（2）成桥后作用长期效应组合

成桥后作用长期效应组合下的内力、梁顶应力、梁底应力、主梁位移如图 7.8—图 7.11 所示。

图 7.8　成桥后作用长期效应组合下的内力（单位：kN·m）

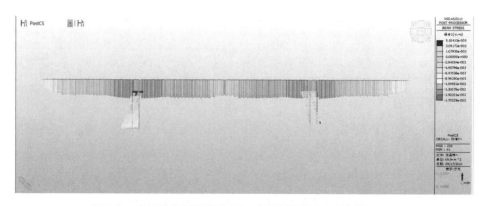

图7.9　成桥后作用长期效应组合下的梁顶应力（单位：GPa）

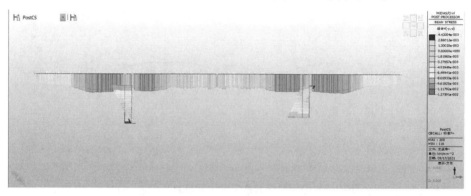

图7.10　成桥后作用长期效应组合下的梁底应力（单位：GPa）

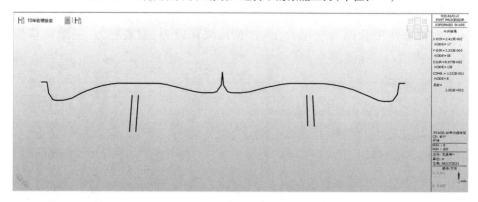

图7.11　成桥后作用长期效应组合下的主梁位移（单位：m）

7.4　钢束与管道壁间摩擦产生的损失对长期挠度的影响

7.4.1　摩擦损失产生的原因

对于大跨度连续刚构桥的长期挠度而言,由于摩擦阻力而产生的钢束预应力损失是一个不可忽略的影响因素。若实际的摩擦阻力大于计算所得值,那么对于长期预应力损失而言,这种作用反而会变得有利,会让长期挠度降低。产生摩擦阻力的原因,主要是管道弯曲以及管道的位置发生偏移。施工造成的波纹管位置偏差以及孔壁不是理想的光滑等客观原因,都会带来预应力钢筋摩擦损失。随着时间的推移,管道孔壁和钢筋总会发生接触,从而发生摩擦,这就是管道偏移发生的摩擦,但是这种摩擦的数值普遍比较小。对于管道发生弯曲的部分而言,除去管道的偏差影响外,还存在着另一种摩擦,即弯道内壁受到预应力施加的径向压力而导致的摩阻,也就是常说的弯道影响摩擦,通常这种原因产生的摩擦数值比较大。同时,这个数值会随钢筋弯曲角度的综合值的提升而增大。对于曲线部分摩阻而言,其主要由以上两种原因所导致,对比直线管道,曲线部分的摩擦阻力更大。预应力钢束应力损失会随着钢束的增大而呈非线性增大。如何合理并准确地给出摩阻系数和管道的偏差系数值,是预应力钢束应力计算的主要研究对象。

(1)弯道影响导致的摩阻

假设钢筋和管道内侧管壁保持相贴,选择微分段 $\mathrm{d}x$,视其为脱离体,与之对应的圆心角是 $\mathrm{d}\theta$ (图 7.12),假定其左侧和右侧沿着切线方向产生的作用力分别为 N 和 $N+\mathrm{d}N_1$,其中 $\mathrm{d}N$ 是弯曲影响导致的摩阻。根据微分段力的平衡要求可发现,N 与 $N+\mathrm{d}N_1$ 会形成一个面向弯曲中心的径向压力 F,假设

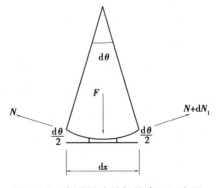

图 7.12　弯道影响引起的摩阻示意图

dx 微分段内张拉力的细微变化产生的径向压力影响忽略不计,那么 F 为:

$$F = 2N \sin \frac{d\theta}{2} = 2N \frac{d\theta}{2} = Nd\theta \qquad (7.1)$$

摩阻 dN_1 的值为径向压力和摩擦系数 μ 的乘积,它的方向和拉力保持相反,即

$$dN_1 = -\mu d\theta \qquad (7.2)$$

(2)管道偏差导致的摩阻

在直线和曲线管道部分,需要考虑管道局部偏差导致的摩擦阻力。假设每米长度管道局部偏差引起的摩擦产生的影响系数为 κ,那么管道局部偏差引起的摩擦阻力为:

$$dN_2 = -\kappa dx \qquad (7.3)$$

如此,总体摩阻为:

$$dN = dN_1 + dN_2 = N(\mu d\theta + \kappa dx) \qquad (7.4)$$

也可以表示为:

$$\frac{dN}{N} = \mu d\theta + \kappa dx \qquad (7.5)$$

对上式进行积分,从而获得距离张拉端为 x 的计算截面处钢筋实际预应力总和为:

$$N_\mu = N_{con} e^{-(\mu\theta + \kappa x)} \qquad (7.6)$$

式中 N_{con}——钢筋锚的向下的张拉控制应力;

N_μ——距离张拉端为 x 的计算截面处钢筋实际预应力总和。

基于此,可以得到预应力钢束与管道摩擦所产生的预应力损失 σ_{l1}。

预应力钢筋与预应力孔道壁之间互相摩擦,在后张法预应力构件中存在摩擦损失。预应力管道安装存在误差造成孔道轴线非直线,直线钢束与预应力孔道互相接触产生摩擦力造成预应力损失;曲线孔道内钢束与孔壁间不但接触还存在曲线径向力。钢束弯曲角度越大,摩擦力越大,预应力损失越大。

节段挂篮浇筑施工预应力管道多次拼接造成定位误差不断累积、混凝土浇筑过程中振捣不到位、管道局部破损等漏浆造成内壁与预应力钢束摩阻力过大、预应力钢束互相缠绕等因素造成预应力钢束摩阻损失随钢束曲线长度呈非

线性增长;短钢束受施工误差影响比长钢束相对小,因此短钢束摩阻力损失比长钢束相对小。预应力混凝土连续刚构桥若采用挂篮节段施工,其内部将存在大量长曲线钢束,加上施工水平不高,造成预应力钢束摩阻损失普遍偏大。摩阻损失一般是长钢束预应力损失的主要因素,正确计算预应力钢束摩阻损失具有重要意义,因此要合理选择预应力管道摩阻系数和管道偏差系数。

预应力钢束与管道壁摩擦损失计算式为:

$$\sigma_{l1} = \frac{N_{con} - N_\mu}{A_p} = \frac{1}{A_p}\left[N_{con} - N_{con}e^{-(\mu\theta + \kappa x)}\right] = \frac{N_{con}}{A_p}\left[1 - e^{-(\mu\theta + \kappa x)}\right]$$

$$\sigma_{l1} = \sigma_{con}\left[1 - e^{-(\kappa x + \mu\theta)}\right]$$

(7.7)

式中 κ——预应力管道每米局部偏差摩擦系数,按照规范取值;

x——预应力钢束张拉端至计算截面孔道长度,m;

θ——预应力钢束张拉端至计算截面切线夹角,rad;

μ——预应力钢束与孔壁间摩擦系数,按照规范取值。

该桥采用预埋塑料管道,根据规范给出预应力管道每米局部偏差摩擦系数 κ 及预应力钢束与孔壁间摩擦系数 μ,见表 7.3。

表 7.3 偏差摩擦系数 κ 及预应力钢束与孔壁间摩擦系数 μ 取值

管道种类	κ	μ
预埋塑料波纹管	0.001 5	0.14 ~ 0.17

7.4.2 摩擦系数 κ、μ 取值的讨论

为了更加准确地分析预应力钢筋与管道内壁间摩擦系数的影响,以及一定长度中的部分偏差给摩擦以及预应力等造成的影响,借助 Midas Civil 有限元分析软件,探讨不同摩擦系数 κ、μ 对桥梁挠度的影响。预应力损失主要发生在施工阶段,预应力钢束锚固后该预应力损失基本完成。该桥设计参数 κ、μ 取值分别为 0.001 5、0.15,当采用以下 4 种参数组合时,主梁施工完毕时挠度对比如图 7.13 所示,收缩徐变 10 年时挠度对比如图 7.14 所示。

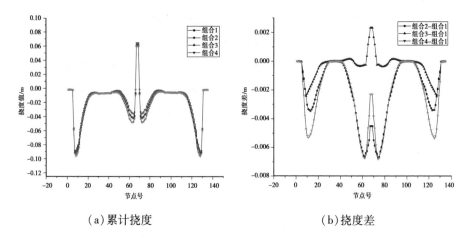

(a)累计挠度 　　　　　　(b)挠度差

图7.13　主梁施工完毕时挠度分布

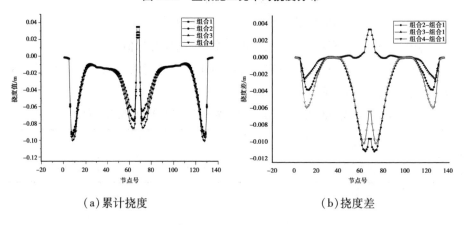

(a)累计挠度 　　　　　　(b)挠度差

图7.14　主梁运营10年时挠度分布

①组合 $1:\kappa=0.001,\mu=0.15$。

②组合 $2:\kappa=0.001,\mu=0.35$。

③组合 $3:\kappa=0.002,\mu=0.15$。

④组合 $4:\kappa=0.003,\mu=0.15$。

通过组合 1、组合 2 的图形可知,参数 $\kappa=0.001$ 一直保持恒定,不一致的部分为 μ,从 0.15 变化到 0.35。从图形中不难发现当 μ 进行线性提升时,桥梁所承受的对应挠度在不断增大,也就是说预应力钢束与孔壁间摩擦系数增大,会造成钢束预应力相对减少,从而使桥梁的钢束预应力不足,进而出现图中挠度的增加,同时这种挠度上升的幅度大致呈线性变化。

在组合 1、组合 3、组合 4 中,可以发现保持不变的部分为 $\mu = 0.15$,而 κ 值保持线性递增,此时从图形可以看出桥梁的挠度是增大的,也就是说预应力处在持续减小的状态,特别是跨中最大值周围其变化幅度较为明显。挠度随着 κ 的增大而增大,其增大的幅度基本呈线性变化。

根据以上分析和结果可以认为:摩擦系数 μ 以及 κ 的变化,造成刚构桥的挠度变化大致符合线性趋势。

7.5　钢束预应力对长期挠度的影响

主梁断面的应力大部分由垂直方向的预应力钢筋提供,存在预应力的钢筋才能保证主梁各断面满足刚度要求,进而提升结构的抗裂度以及刚度水平。因为刚度影响着跨中挠度的变化,同时结构的稳定性与跨中挠度紧密联系,所以如果垂直方向的预应力钢筋损失较大,就会造成大跨度连续刚构桥跨中失稳。《公路钢筋混凝土及预应力桥涵设计规范》(JTG 3362—2018)对预应力的设计以及计算进行了规定,同时罗列了预应力计算公式以及相应步骤,不过由于垂直方向预应力损失与施工环节、所使用的材料、人为操作等诸多因素有关,同时多个预应力相互之间是互相耦合的,所以这常常导致设计的预应力可能不足。钢束预应力损失的运算问题对挠度造成的影响不可忽视,对预应力损失对桥梁长期挠度的影响进行研究就显得十分必要。

7.5.1　顶板钢束预应力损失对桥梁长期挠度的影响

本节探究顶板钢束预应力损失造成的连续刚构桥的挠度变化。围绕预应力的折减,在计算环节采用降低张拉控制力的原则,假定主梁顶板钢束预应力减小 10%、20%、30% 时,计算主梁挠度变化,以分析钢束预应力损失对主梁挠度的影响。计算以下 4 种工况:

①工况 1:顶板钢束预应力不作折减。
②工况 2:顶板钢束预应力折减 10%。
③工况 3:顶板钢束预应力折减 20%。
④工况 4:顶板钢束预应力折减 30%。
采用折减张拉控制应力的方法对钢束预应力进行折减,工况 1 中张拉控制应力

σ_{con}=0.75×1 860 MPa=1 395 MPa,工况 2 中张拉控制应力 σ_{con}=0.9×0.75×1 860 MPa=1 255.5 MPa,工况 3 中张拉控制应力 σ_{con}=0.8×0.75×1 860 MPa=1 116 MPa,工况 4 中张拉控制应力 σ_{con}=0.7×0.75×1 860 MPa=976.5 MPa。

以上 4 种工况中,主梁施工完毕时挠度如图 7.15 所示,成桥运营 10 年后挠度如图 7.16 所示。表 7.4 给出不同预应力损失情况下成桥状态时跨中挠度对比,表 7.5 给出不同预应力损失情况下成桥运营 10 年后跨中挠度对比。

对比顶板钢束预应力损失前后主梁挠度变化情况,顶板钢束预应力损失 30% 时,成桥运营 10 年主跨跨中挠度增加 0.027 m,边跨跨中挠度增加 0.029 m;刚成桥状态下,预应力损失 30% 时,主跨跨中挠度增加 0.027 m,边跨跨中挠度增加 0.029 m。预应力折减百分率和主跨跨中挠度、边跨跨中挠度增量近似呈线性关系,随着预应力损失增大,主跨跨中挠度、边跨跨中挠度增量呈直线增长。

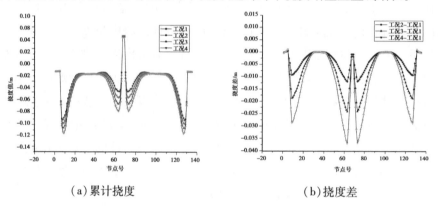

(a)累计挠度   (b)挠度差

图 7.15   主梁施工完毕时挠度分布

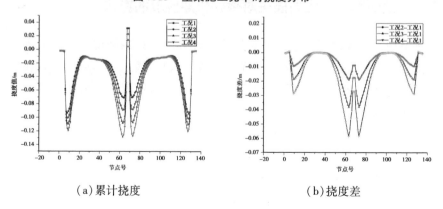

(a)累计挠度   (b)挠度差

图 7.16   主梁运营 10 年后挠度分布

表7.4　成桥状态时预应力损失引起的挠度对比

计算工况	主跨跨中		边跨跨中	
	挠度值/m	与工况1挠度差	挠度值/m	与工况1挠度差
工况1	0.063 7	—	−0.087	—
工况2	0.062 9	−0.000 8	−0.096	−0.009
工况3	0.062 0	−0.001 7	−0.106	−0.019
工况4	0.061 0	−0.002 7	−0.116	−0.029

表7.5　成桥运营10年后预应力损失引起的挠度对比

计算工况	主跨跨中		边跨跨中	
	挠度值/m	与工况1挠度差	挠度值/m	与工况1挠度差
工况1	0.031 8	—	−0.087	—
工况2	0.023 2	−0.009	−0.096	−0.009
工况3	0.014 3	−0.018	−0.106	−0.019
工况4	0.005	−0.027	−0.116	−0.029

　　结合表、图可知,在预应力损失模拟计算的步骤中,当顶板钢束预应力提升时,桥梁部分挠度会有所提升,特别是在桥梁中跨跨中附近位置以及边跨跨中位置造成的挠度提升十分显著。而结合表7.4和表7.5的内容,认为成桥运营10年预应力保持稳定,不存在损失的情况下,边跨挠度极限数值为87 mm,中跨挠度极限数值为31.8 mm。预应力损失为10%、20%、30%,边跨挠度极限值与之前相比各提升了10.34%(9 mm)、21.8%(19 mm)、33.3%(29 mm);中跨挠度极限值相比较之下各提升了28.3%(9 mm)、56.6%(18 mm)、84.9%(27 mm)。由上述计算和分析可以得出:大跨度连续刚构桥下挠值与预应力损失折减量成反比例关系,同时预应力损失折减量对中跨跨中的挠度影响比边跨跨中挠度的影响更大。

7.5.2　底板钢束预应力损失对桥梁长期挠度的影响

　　底板钢束与顶板钢束一样,在悬臂施工直至桥梁的整个运营阶段,都发挥着十分关键的作用,同样存在着底板钢束预应力损失对连续刚构桥挠度的影响。本节研究底板钢束预应力损失对大跨度连续刚构桥挠度的影响。假定主梁底板钢束预应力损失 10%、20%、30% 时,计算主梁挠度变化,以分析底板钢束预应力损失对主梁挠度的影响。计算以下 4 种工况:

　　①工况 1:底板钢束预应力不作折减。

　　②工况 2:底板钢束预应力折减 10%。

　　③工况 3:底板钢束预应力折减 20%。

　　④工况 4:底板钢束预应力折减 30%。

　　采用折减张拉控制应力的方法对钢束预应力进行折减,工况 1 中张拉控制应力 $\sigma_{con} = 0.75×1\,860\text{ MPa} = 1\,395\text{ MPa}$,工况 2 中张拉控制应力 $\sigma_{con} = 0.9×0.75×1\,860\text{ MPa} = 1\,255.5\text{ MPa}$,工况 3 中张拉控制应力 $\sigma_{con} = 0.8×0.75×1\,860\text{ MPa} = 1\,116\text{ MPa}$,工况 4 中张拉控制应力 $\sigma_{con} = 0.7×0.75×1\,860\text{ MPa} = 976.5\text{ MPa}$。

　　以上 4 种工况中,主梁施工完毕时挠度如图 7.17 所示,成桥运营 10 年后挠度如图 7.18 所示。表 7.6 给出不同预应力损失情况下成桥状态时跨中挠度对比,表 7.7 给出不同预应力损失情况下成桥运营 10 年后跨中挠度对比。

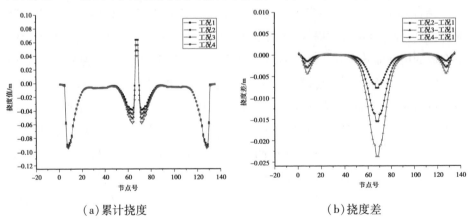

(a)累计挠度　　　　　　　　　　　　(b)挠度差

图 7.17　主梁施工完毕时挠度分布

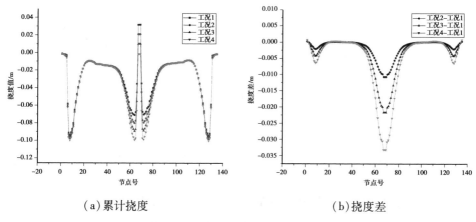

(a)累计挠度　　　　　　　　　　　　　(b)挠度差

图 7.18　主梁运营 10 年后挠度分布

对比底板钢束预应力损失前后主梁挠度变化情况,底板钢束预应力损失
30% 时,成桥运营 10 年主跨跨中挠度增加 0.033 m,边跨跨中挠度增
加 0.006 m;刚成桥状态下,预应力损失 30% 时,主跨跨中挠度增加 0.024 m,边
跨跨中挠度增加 0.005 m。预应力折减百分率和主跨跨中挠度、边跨跨中挠度
增量近似呈线性关系,随着预应力损失增大,主跨跨中挠度、边跨跨中挠度增量
呈直线增长。

表 7.6　成桥状态时预应力损失引起的挠度对比

计算工况	主跨跨中		边跨跨中	
	挠度值/m	与工况 1 挠度差	挠度值/m	与工况 1 挠度差
工况 1	0.064	——	-0.090	——
工况 2	0.056	-0.008	-0.092	-0.002
工况 3	0.048	-0.016	-0.093	-0.003
工况 4	0.040	-0.024	-0.095	-0.005

表 7.7　成桥运营 10 年后预应力损失引起的挠度对比

计算工况	主跨跨中		边跨跨中	
	挠度值/m	与工况 1 挠度差	挠度值/m	与工况 1 挠度差
工况 1	0.032	——	-0.091	——

续表

计算工况	主跨跨中		边跨跨中	
	挠度值/m	与工况 1 挠度差	挠度值/m	与工况 1 挠度差
工况 2	0.021	−0.011	−0.093	−0.002
工况 3	0.010	−0.022	−0.094	−0.003
工况 4	−0.001	−0.033	−0.097	−0.006

结合表、图可知,在底板预应力损失模拟计算的步骤中,当底板钢束预应力提升时,桥梁部分的挠度有所提升,特别是在桥梁中跨跨中附近位置以及边跨跨中位置造成的挠度提升十分显著。而结合表7.6和表7.7的内容,认为成桥运营10年预应力保持稳定,不存在损失的情况下,边跨挠度极限数值为91 mm,中跨挠度极限数值为32 mm。预应力损失为10%、20%、30%,边跨挠度极限值与之前相比各提升了2.2%(2 mm)、3.3%(3 mm)、6.6%(6 mm);中跨挠度极限值相比较之下各提升了34.4%(11 mm)、68.8%(22 mm)、103%(33 mm)。由上述计算和分析可以得出:大跨度连续刚构桥下挠值与预应力损失折减量成反比例关系,同时预应力损失折减量对中跨跨中的挠度影响比边跨跨中挠度的影响更大。

对比顶板钢束预应力损失,底板钢束预应力损失对跨中挠度的影响程度更大。

7.5.3 腹板钢束预应力损失对桥梁长期挠度的影响

假定主梁腹板钢束预应力损失 10%、20%、30% 时,计算主梁挠度变化,以分析腹板钢束预应力损失对主梁挠度的影响,计算以下 4 种工况:

①工况 1:腹板钢束预应力不作折减。

②工况 2:腹板钢束预应力折减 10%。

③工况 3:腹板钢束预应力折减 20%。

④工况 4:腹板钢束预应力折减 30%。

采用折减张拉控制应力的方法对钢束预应力进行折减,工况 1 中张拉控制应力 $\sigma_{con} = 0.75 \times 1\ 860$ MPa $= 1\ 395$ MPa,工况 2 中张拉控制应力 $\sigma_{con} = 0.9 \times 0.75 \times 1\ 860$ MPa $= 1\ 255.5$ MPa,工况 3 中张拉控制应力 $\sigma_{con} = 0.8 \times 0.75 \times 1\ 860$ MPa $= 1\ 116$ MPa,工况 4 中张拉控制应力 $\sigma_{con} = 0.7 \times 0.75 \times 1\ 860$ MPa $=$

976.5 MPa。

以上 4 种工况中,主梁施工完毕时挠度如图 7.19 所示,成桥运营 10 年后挠度如图 7.20 所示。表 7.8 给出不同预应力损失情况下成桥状态时跨中挠度对比,表 7.9 给出不同预应力损失情况下成桥运营 10 年后跨中挠度对比。

对比腹板钢束预应力损失前后主梁挠度变化情况,腹板钢束预应力损失 30%时,成桥运营 10 年主跨跨中挠度增加 0.009 6 m,边跨跨中挠度增加 0.003 m;刚成桥状态下,预应力损失 30%时,主跨跨中挠度增加 0.001 1 m,边跨跨中挠度增加 0.003 1 m。预应力折减百分率和主跨跨中挠度、边跨跨中挠度增量近似呈线性关系,随着预应力损失增大,主跨跨中挠度、边跨跨中挠度增量呈直线增长。

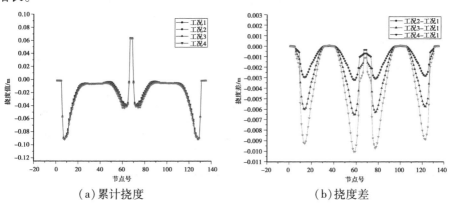

　　　(a)累计挠度　　　　　　　　　　　　(b)挠度差

图 7.19　主梁施工完毕时挠度分布

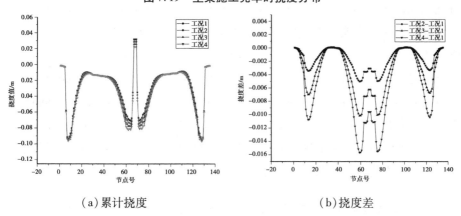

　　　(a)累计挠度　　　　　　　　　　　　(b)挠度差

图 7.20　主梁运营 10 年后挠度分布

表 7.8　成桥状态时预应力损失引起的挠度对比

计算工况	主跨跨中		边跨跨中	
	挠度值/m	与工况 1 挠度差	挠度值/m	与工况 1 挠度差
工况 1	0.063 8	——	-0.090 5	——
工况 2	0.063 4	-0.000 4	-0.091 0	-0.000 5
工况 3	0.063 1	-0.000 7	-0.092 0	-0.001 5
工况 4	0.062 7	-0.001 1	-0.093 6	-0.003 1

表 7.9　成桥运营 10 年后预应力损失引起的挠度对比

计算工况	主跨跨中		边跨跨中	
	挠度值/m	与工况 1 挠度差	挠度值/m	与工况 1 挠度差
工况 1	0.031 8	——	-0.093 4	——
工况 2	0.028 7	-0.003 1	-0.094 4	-0.001
工况 3	0.025 6	-0.006 2	-0.095 3	-0.001 9
工况 4	0.022 2	-0.009 6	-0.096 4	-0.003

结合表、图可知,在预应力损失模拟计算的步骤中,当腹板钢束预应力提升时,桥梁部分的挠度会有所提升,特别是在桥梁中跨跨中附近位置以及边跨跨中位置造成的挠度提升十分显著。而结合表 7.8 和表 7.9 的内容,认为成桥运营 10 年预应力保持稳定,不存在损失的情况下,边跨挠度极限数值为 93.4 mm,中跨挠度极限数值为 31.8 mm。预应力损失为 10%、20%、30%,边跨挠度极限值与之前相比各提升了 1.07%(1 mm)、2.14%(1.9 mm)、3.32%(3 mm);中跨挠度极限值相比较之下各提升了 9.75%(3.1 mm)、19.5%(6.2 mm)、30.19%(9.6 mm)。由上述计算和分析可以得出:大跨度连续刚构桥下挠值与预应力的损失折减量成反比例关系。

7.5.4　全桥钢束预应力损失对桥梁长期挠度的影响

假定全桥钢束预应力减小 10%、20%、30% 时,计算主梁挠度变化,以分析

全桥钢束预应力损失对主梁挠度的影响,计算以下 4 种工况:

①工况 1:全桥钢束预应力不作折减。

②工况 2:全桥钢束预应力折减 10%。

③工况 3:全桥钢束预应力折减 20%。

④工况 4:全桥钢束预应力折减 30%。

采用折减张拉控制应力的方法对钢束预应力进行折减,工况 1 中张拉控制应力 σ_{con} =0.75×1 860 MPa=1 395 MPa,工况 2 中张拉控制应力 σ_{con} =0.9×0.75× 1 860 MPa=1 255.5 MPa,工况 3 中张拉控制应力 σ_{con} =0.8×0.75×1 860 MPa= 1 116 MPa,工况 4 中张拉控制应力 σ_{con} =0.7×0.75×1 860 MPa=976.5 MPa。

以上 4 种工况中,主梁施工完毕时挠度如图 7.21 所示,成桥运营 10 年后挠度如图 7.22 所示。表 7.10 给出不同预应力损失情况下成桥状态时跨中挠度对比,表 7.11 给出不同预应力损失情况下成桥运营 10 年后跨中挠度对比。

对比全桥钢束预应力损失前后主梁挠度变化情况,全桥钢束预应力损失 30% 时,成桥运营 10 年主跨跨中挠度增加 0.069 m,边跨跨中挠度增加 0.041 m;刚成桥状态下,预应力损失 30% 时,主跨跨中挠度增加 0.027 5 m,边跨跨中挠度增加 0.035 m。预应力折减百分率和主跨跨中挠度、边跨跨中挠度增量近似呈线性关系,随着预应力损失增大,主跨跨中挠度、边跨跨中挠度增量呈直线增长。

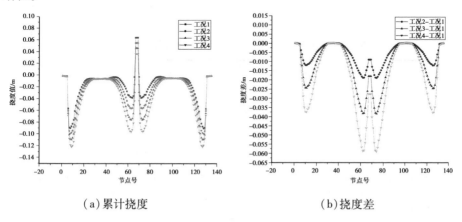

（a）累计挠度　　　　　　　　　（b）挠度差

图 7.21　主梁施工完毕时挠度分布

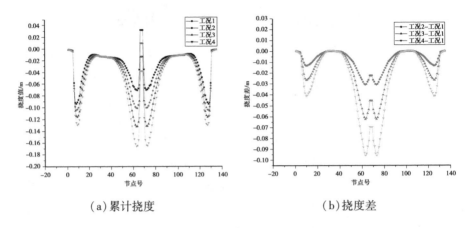

（a）累计挠度　　　　　　　　　　（b）挠度差

图 7.22　主梁运营 10 年后挠度分布

表 7.10　成桥状态时预应力损失引起的挠度对比

计算工况	主跨跨中		边跨跨中	
	挠度值/m	与工况 1 挠度差	挠度值/m	与工况 1 挠度差
工况 1	0.063 7	—	-0.087	—
工况 2	0.054 9	-0.008 8	-0.098	-0.011
工况 3	0.045 8	-0.017 9	-0.110	-0.023
工况 4	0.036 2	-0.027 5	-0.122	-0.035

表 7.11　成桥运营 10 年后预应力损失引起的挠度对比

计算工况	主跨跨中		边跨跨中	
	挠度值/m	与工况 1 挠度差	挠度值/m	与工况 1 挠度差
工况 1	0.032	—	-0.087	—
工况 2	0.009	-0.023	-0.100	-0.013
工况 3	-0.014	-0.046	-0.113	-0.026
工况 4	-0.037	-0.069	-0.128	-0.041

结合表、图可知,在预应力损失模拟计算的步骤中,当全桥钢束预应力提升时,桥梁整体挠度会有所提升,特别是在桥梁中跨跨中附近位置以及边跨跨中

位置造成的挠度提升十分显著。而结合表 7.10 和表 7.11 的内容,认为成桥运营 10 年预应力保持稳定,不存在损失的情况下,边跨挠度极限数值为 87 mm,中跨挠度极限数值为 32 mm。预应力损失为 10%、20%、30%,边跨挠度极限值与之前相比各提升了 14.9%(13 mm)、29.9%(26 mm)、47.1%(41 mm);中跨挠度极限值相比较之下各提升了 71.9%(23 mm)、143.8%(46 mm)、215.6%(69 mm)。由上述计算和分析可以得出:大跨度连续刚构桥下挠值与预应力的损失折减量成反比例关系,同时预应力损失折减量对中跨跨中的挠度影响比边跨跨中挠度的影响更大。同时,以全桥预应力损失挠度差图对比前 3 节梁部分预应力钢束损失,可以发现,全桥预应力损失造成的挠度差更大。

7.6　小结

本章以龙溪嘉陵江特大桥工程为背景,用 Midas Civil 建立有限元模型,通过对影响预应力损失的主要因素进行模型分析,可以得出以下结论:

①钢束预应力损失对大跨度连续刚构桥长期挠度的影响比较大。实际工程中的摩阻损失系数 μ 和 κ 与设计规范的取值变化幅度不大,故摩阻损失系数的变化对桥梁长期挠度的影响并不是很大。

②纵向预应力钢筋的预应力损失与连续刚构桥长期挠度的增加量成正比关系,下挠值与预应力的损失折减量成反比例关系。例如,当预应力损失为 30% 时,其中底板边跨跨中挠度最大值、中跨挠度最大值分别比原设计增加 6.6%(6 mm)、103.0%(33 mm),从增大的挠度可知纵向预应力损失是影响长期挠度的一个重要因素。

③底板预应力损失对挠度的影响比顶板、腹板预应力损失大,其中中跨挠度幅值增大量接近 1 倍。同时,以全桥预应力损失挠度差图对比顶板、底板、腹板梁部分预应力损失,可以发现全桥预应力损失造成的挠度差更大。

第8章　控制 PC 连续刚构桥挠度的对策

根据混凝土梁桥的受力特征,结合其病害形态,从桥梁的设计、施工和后期管养 3 个阶段找出病害产生的原因,以制订相应的对策,提出针对性改正措施及建议。

8.1　控制裂缝病害的一般对策

8.1.1　施工期裂缝

混凝土材料的浇筑成型,经历了拌和、入模、凝结、硬化和强度增长各个阶段,如图 8.1 所示。

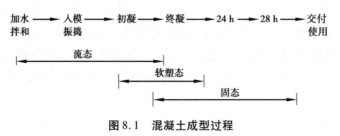

图 8.1　混凝土成型过程

水泥化合物的水化是放热过程,水泥砂浆和粗集料不仅弹性模量不同,而且对温度变化、湿度变化的变形特征也不相同,因此在硬化过程中,两者界面上发生应力集中,产生了微裂。而且由于泌水,集料的下侧产生水隙。这样水泥混凝土在加荷前,集料和水泥浆的界面上多数已出现微裂。

根据上述原理,采取以下对策:

①应用高效复合水泥基胶凝材料,制备高性能混凝土,使混凝土具有较高的体积稳定性,即混凝土在硬化早期应具有较低的水化热,硬化后应具有较小

的收缩变形,提高混凝土的耐久性。

②提倡预制混凝土构件的工业化生产,通过严格管理的工厂化工艺,提高混凝土预制构件的质量,在混凝土桥梁中推广运用整孔预制、节段拼装工艺。

③提高现浇混凝土质量。根据现浇混凝土的体积,计划泵送混凝土的供应能力,使泵送速度与布料振捣速度相适应,同时通过优化配合比与外加剂,减小坍落度损失,控制缓凝时间,保证混凝土在初凝前完成浇筑振捣工作,提高施工质量。

8.1.2　早期塑性沉降和收缩裂缝

混凝土在凝固过程中,处于流塑态的混凝土在重力作用下进一步密实,一般还伴随表面水分蒸发的干缩,会在混凝土表面产生塑性沉降和塑性收缩裂缝。

塑性沉降裂缝的典型情形之一是在接近构件表面的水平钢筋上方出现,当保护层较薄时,塑性沉降裂缝可能达到钢筋表面并沿钢筋长度方向发展,并且随钢筋直径加粗和混凝土保护层减薄越加明显,其原因是在未结硬的混凝土中,集料在浆体中有下降趋势,而浆体中的水分在向上转移中遇到水平设置的钢筋、预埋锚固件阻拦,这样就在混凝土顶面附近表面处形成塑性沉降裂缝,且会在水平钢筋的底部形成空隙并积聚水分。

塑性沉降裂缝的典型情形之二发生在混凝土截面变化较大的部位,混凝土浇筑深度不同,有不同的沉降,从而在交接面出现沉降差而产生塑性沉降裂缝。

塑性沉降裂缝的典型情形之三发生在混凝土构件侧模板附近,垂直下降的集料及水泥浆中的固体颗粒受到侧模板的摩擦阻力而与周围的混凝土形成沉降差(图 8.2),侧模板刚度不足也会引起塑性沉降裂缝。

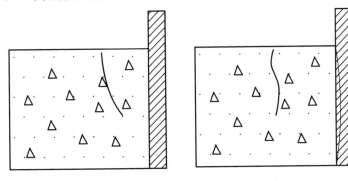

图 8.2　侧模板附近塑性沉降裂缝示意图

塑性收缩裂缝是硬化前的新拌混凝土在凝结过程中因表面水分蒸发而引起的干缩裂缝,常见于浇筑后混凝土构件的外表面,如图 8.3 所示。例如,对走向不规则、长短不一、互不连贯的裂缝(俗称龟裂),一般出现于浇筑几小时后。又如,在预制空心板顶面产生的垂直于构件轴线的横裂缝,主要是干缩裂缝和塑性收缩裂缝,在顶面纵向主钢筋位置处的水平纵向裂缝属于混凝土沉降裂缝。在预制空心板侧面产生的垂直于构件轴向的竖裂缝,根数不多,属于温度收缩裂缝。

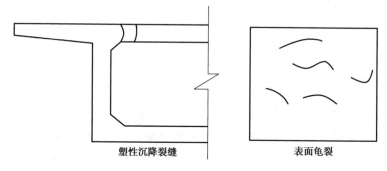

塑性沉降裂缝   表面龟裂

图 8.3　塑性沉降裂缝和龟裂示意图

根据上述情况,采取以下对策:

①严格控制混凝土水灰比和加水量,添加适量减水剂和粉煤灰。

②可在混凝土浇筑 1~2 h 后进行二次振捣,表面拍打振实,振捣时间不宜过长、过快,保证密实。

③在养护早期防止水分蒸发过快,夏季避免阳光直射,冬季防寒保温,竖向模板边涂脱模剂。

8.1.3　水化热温度裂缝

混凝土拌和是水化过程,经历升温、降温,混凝土浇筑到边界或受到边界约束时将产生自约束应力,从而产生裂缝。最短尺寸边大于 1 000 mm 的混凝土称为大体积混凝土,其水化热产生的应力尤其明显。混凝土浇筑后 3 d 左右温差最大,经验表明当内外温差超过 25 ℃,表面与环境温差超过 20 ℃时,混凝土很有可能开裂,裂缝出现的部位常沿着长边中心,腹板与顶底板相交的角隅处,其形态多呈等间距分布,后期会闭合。

在悬臂阶段施工时,底板较厚的梁根部拆模后,往往发现底板下缘存在纵向裂缝,这种裂缝是在结构没有任何荷载作用下产生的,主要是由温差引起的。由于底板较厚,混凝土水化过程中产生大量热量,引起底板温度高于两侧温度,便产生拉应力,混凝土刚浇筑,其抗拉强度较低,拉应力大于抗拉强度,便引起了开裂。水化热和冷却引起裂缝时的应力如图 8.4 所示。

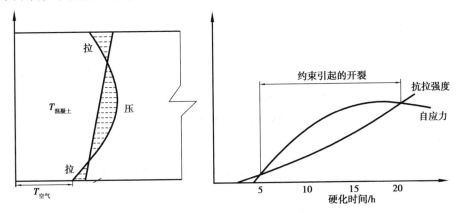

图 8.4　水化热和冷却引起裂缝时的应力

根据上述情况,采取以下对策:

①在材料方面,采用低水化热水泥,控制水泥用量,适当掺入减水剂和粉煤灰。

②在工序方面,降低浇筑时的入模温度,在厚度较大时可以考虑分层浇筑。

③在温度控制方面,入模温度不宜超过 28 ℃,夏季可以通过浇水冷却原材料,控制水化热引起的内部最高温度不超过 65 ℃,控制混凝土体内的温度梯度,使表面温度与中心温度的最大温差不超过 25 ℃。必要时设置冷却水管,利用循环水进行温度控制。

8.1.4　不均匀沉降引起的裂缝

在有支架施工的混凝土桥梁中,支架设计一般不受强度控制,支架的刚度和地基沉降往往成为控制因素。支架不均匀沉降引起新浇混凝土开裂是工程中常见的现象,因为混凝土在凝结硬化过程中极限拉应变是逐渐增长的,直到 28 d 后才逐渐趋于稳定。

根据上述情况,采取以下对策:

①对支架的地基进行处理,消除基础沉降。

②通过预压消除支架及垫木之间的非弹性变形。在长联、长跨混凝土梁现浇前,不可忽视对支架进行预压。

③通过控制缓凝进程,保障混凝土的浇筑时间。

④尽量利用永久桥墩的基础来作承托,或采用墩旁托架,减少临时支架。

8.1.5 差动裂缝

差动裂缝是指现浇混凝土与周边接触面之间因相对位移约束或差动而产生的裂缝。根据上述情况,采取如下对策:

①叠层浇筑的混凝土,当间隔时间较长时容易产生差动裂缝。例如,现浇混凝土箱梁第一次浇筑底板和腹板,停工若干天后再浇筑顶板,顶板的纵向收缩受到制约,产生差动裂缝。底层承台现浇后,停置时间过长再浇筑墩柱,也有类似情形。

②底座约束。后张梁现浇后,如果养护不好或龄期过长未张拉预应力,则混凝土的收缩比较明显,这样底座与梁底之间的黏结力会约束梁底的收缩,在拆模后即出现差动裂缝。

先张法预应力混凝土梁的钢束常常直线布置在底缘,为了减少梁端预应力引起的不必要的弯矩,通常在预应力钢筋外面加波纹管以隔离钢束和混凝土,形成仅布置于跨中的“短预应力钢筋”。在预应力钢筋张拉时,容易形成钢筋两端的混凝土裂缝。

③模板约束。箱梁腹板的侧向模板在一定龄期后要及时拆除,否则摩擦力约束了腹板与顶底板同步收缩,就会产生裂缝,尤其要在纵向预应力张拉前拆除侧模板。

④合龙段的错动。悬臂浇筑的预应力混凝土梁桥要在跨中合龙,合龙段混凝土搭设在悬臂端头的混凝土上浇筑,如果悬臂端稍有变位,则非常容易出现差动裂缝。

8.1.6 临时施工荷载引起的裂缝

施工时临时荷载引起的裂缝主要情况如下:

①在没有完全完成的桥跨上承受过大的临时荷载,如先简支后连续桥梁还

没有形成连续结构。

②桥上沥青混凝土摊铺,受摊铺机、压路机和沥青运输车联合作业荷载,以及高温摊铺影响。

③在初步施工完成的桥梁上运输预制梁。

根据上述情况,采取以下对策:

①根据施工状态与荷载,进行最不利状况复核。

②用临时结构或荷载分散集中荷载。

③设置必要的临时辅助受力结构。

8.1.7　使用期裂缝

使用期存在结构性裂缝和非结构性裂缝,从理论上讲通过良好的设计可以避免裂缝的产生,然而实际并非如此,概括起来主要有以下几类:

①弯曲拉应力超过预压应力,引起梁体消压,产生弯曲裂缝。

②在剪应力较大区域,由主拉应力产生弯剪斜裂缝。

③对空间效应考虑不足引起的裂缝。

④对温度应力、收缩徐变考虑不足引起的裂缝。

⑤因基础缓慢沉降引起的裂缝。

⑥因支座设计安装引起的裂缝。

⑦随着使用时间的延长,受化学侵蚀引起的裂缝。碳化、碱集料反应,材料不断劣化,损伤积累会导致开裂的加剧。

后期管养阶段的裂缝部分来自设计阶段和施工阶段,前一阶段产生的病害只有采取补救措施,控制病害的发展或治愈病害。

8.2　控制连续刚构病害的对策

配筋混凝土结构裂缝按其产生的原因可以分为荷载裂缝和非荷载裂缝。荷载裂缝需通过计算和合理配筋加以控制,非荷载裂缝需通过合理的构造措施和施工工艺加以控制。

自重、预应力失效、温度、收缩、腹板开裂是连续刚构裂缝产生的主要因素,解决裂缝最有效的途径是布置足够数量的非预应力钢筋,即使很难抗裂,也可以限制裂缝的宽度,保证结构正常使用。

对温度裂缝,主要以增加非预应力钢筋和降低预应力束的位置来减小裂缝宽度,特别是顶、底板水平纵缝,应特别重视桥梁的横向受力分析和配筋。

8.2.1 控制锚下局部受力裂缝的对策

①端部锚固区局部裂缝。锚下是应力集中严重区域,局部压力在向深层扩散传递中,会产生横向拉力,距锚下一定距离时横向拉应力达到最大,此处容易因构造及配筋不当引起开裂,如图 8.5 所示。

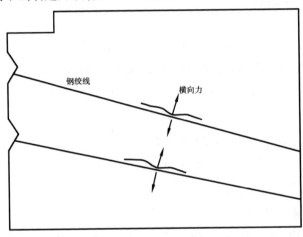

钢绞线　　横向力

图 8.5　端部锚固下的裂缝

斜板梁的端部因做成锯齿状的锚固台阶,在锚固时更容易引起破坏。

②齿板和凹槽部位的锚下裂缝。在齿板和凹槽部位,因几何构造有突变,以及锚具后面的牵拉作用,加上预应力钢束局部折弯处的径向力,在预应力张拉锚固后较易出现裂缝。当同一截面处设置过多锚固块时,更容易造成贯通裂缝。

③采用悬臂施工的预应力混凝土桥梁,在节段施工过程中,常有下弯束锚固在箱梁的腹板上,该部位也常有裂缝产生。

根据上述情况,采取以下对策:

①重视锚下区域设计,主要从设计上分别进行锚下一般区域和局部区域设计计算,设置锚下承压的厚钢板、螺旋筋,配置防止爆裂力的爆裂钢筋和防止剥

落力的边缘钢筋,同时一般区域必须满足最小配筋要求。

②确保锚固区混凝土浇筑的密实性,加强振捣与养护。

8.2.2　控制临时开口引起的裂缝的对策

在箱梁底板、顶板中开口会引起应力集中,致使开裂,如图 8.6 所示。

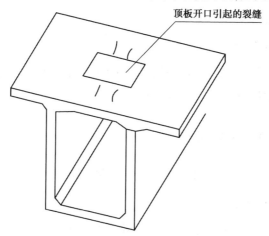

图 8.6　临时开口引起的裂缝

根据上述情况,采取以下对策:

①在受力相对不敏感地方开口,并尽量减少开口尺寸。

②根据传力路径,在孔口周边设构造加强钢筋。

8.2.3　控制腹板裂缝的对策

腹板的裂缝主要是受力裂缝,由主拉应力不足产生。增加腹板厚度,可以增加更多截面配筋,对截面正应力、剪应力和主拉应力均有良好的改善,但会相应增加梁的自重,在自重荷载占 70% 左右的情况下,腹板的最小厚度应满足构造和受力需要,沿跨中向支点逐渐加宽过渡,变化点选在四分点附近。

8.2.4　控制顶底板裂缝的对策

（1）合理设计箱形截面

连续刚构一般采用变截面连续箱梁,多采用单箱单室的截面形式,大量预应力钢筋布置在底板,纵向预压力对底板的作用复杂,因此应适当增加一些梁肋,将预应力钢束布置在梁肋内或梁肋附近,以减少预应力对梁底的作用。

(2)适当增加顶底板厚度,并设置足够数量的防裂钢筋

由于受力锚固的需要,底板预应力钢束在现浇段向顶板方向弯曲,且弯曲半径较小,使得钢束转角处的混凝土受到径向力作用而开裂。应适当增加顶底板厚度,减缓转角,并配备足够数量的防裂钢筋网,防止裂缝的产生。

(3)优化钢束布置

底板上应尽量布置双层或多层预应力钢束,且钢束应靠近腹板布置,增大钢束平弯半径,使得全截面能均匀受力。

8.2.5　控制跨中下挠的对策

大跨径连续刚构桥主梁下挠严重的主要原因表现为 4 个方面:

(1)有效预应力降低

施加于箱梁上的预应力由于设计不够或者损失过大,使梁体竖向抗弯性能降低,跨中挠度增大。从黄石长江公路大桥、虎门大桥辅航道桥和三门峡黄河大桥等存在主梁严重下挠病害的检测分析结果来看,都存在纵向有效预应力降低这一因素。

(2)梁体开裂后抗弯刚度降低

大跨径连续刚构中主梁下挠严重的病害通常出现在梁体开裂严重的桥梁结构中,这两者的关系非常密切。在对黄石长江公路大桥进行自振特性测试时发现,实测主桥结构的一阶竖向弯曲自振频率比验收交工时降低12.5%,这进一步证实梁体开裂将会影响主梁结构的抗弯刚度,从而导致桥梁的挠度出现较大增长。

(3)混凝土收缩徐变的影响

就桥梁结构而言,收缩徐变的影响主要有:

①大跨度桥梁结构受压区混凝土的收缩徐变会使梁体挠度增大。

②对偏心受压柱体,混凝土的徐变会增大其挠曲,增大其偏心距,以及降低柱体的承载力。

③收缩徐变是预应力混凝土构件中预应力损失的重要因素。

④徐变可以使结构应力集中区的应力重新分布,从而减小应力集中程度。

⑤对超静定结构,混凝土的徐变将导致其内力重分布,从而引起结构的次内力。

由此可知,收缩徐变不但是预应力钢筋应力损失的重要因素,还是混凝土裂缝产生和发展的重要原因,其对梁体下挠度增长的影响不言而喻。

(4)桥梁运营期间超限载的影响和养护作用

桥梁常承受超限载的作用,加之缺乏合理的保养,会在很大程度上对混凝土的长期徐变量造成影响。而且桥梁长期处于这种不利状态下工作,容易导致结构构件老化,承载力逐渐降低,以及出现各种病害。

(5)施工中存在的不良接缝对长期挠度的影响

大跨径连续刚构桥分阶段施工的竖向接缝有很多,经常出现接缝处混凝土凿毛不到位、周围混凝土出现漏浆及振捣不够密实等缺陷。在这样的情况下,成桥后在恒载和活载的共同作用下许多接缝的剪切徐变非常大。此外,接缝处的混凝土相对比较薄弱,其弹性模量有一定的降低,这非常不利于混凝土的后期剪切徐变,会对整体结构的后期挠度产生较大影响。

从前面的分析可知,影响连续刚构长期下挠的主要因素为梁体超重、预应力大小、混凝土弹性模量、收缩徐变、梁体开裂及温度效应,其中以梁体超重、预应力损失、梁体开裂和徐变对长期下挠的影响较大。

连续刚构一般采用悬臂浇筑的施工方法,由墩顶对称施工向跨中合龙,如果施工过程中高程控制不符合要求,造成合龙时存在高差,桥面铺装层施工时往往用轻型材料或直接用桥面铺装层材料弥补高差,这样就造成梁体重量超过设计重量,相当于增加了桥梁恒载,长期作用下必定产生下挠。在施工过程中要严格控制线形和标高,使梁体高程符合设计要求,不增加桥梁恒载,从而减小梁体长期下挠。

预应力损失是引起梁体长期下挠的另一个主要因素,预应力损失主要与张拉设备、混凝土自身的收缩徐变、钢绞线强度不高、钢绞线松弛、混凝土弹性压缩等因素相关,可采取以下对策:

①选用强度高、稳定性好的张拉台座和性能良好的夹具,从而避免因设备

不好而产生预应力损失。

②选用高强度混凝土和高强度等级水泥,并使用粒径较大的粗骨料,增大与钢绞线的摩擦力。

③对钢绞线进行超张拉,从而避免因应力松弛而产生的预应力损失。

④两端对称张拉,减少摩擦引起的损失。

⑤预应力管道应尽可能光滑,必要时可在钢绞线表面涂刷润滑油脂,减少摩擦引起的损失。

另外,梁体开裂后必须及时处置,及时弥补梁体刚度的减小,从而减小梁体下挠。在后期管养过程中,建立坐标系统,加强对桥梁的线形观测,监测梁体挠度的变化,发现下挠,及时处置。

造成大跨径连续刚构桥梁体下挠严重的通常不是哪一个因素单独影响的结果,必定是多个因素综合作用的结果。例如,桥梁的保养不力、混凝土的收缩徐变产生的变形不断增加,导致箱梁梁体出现大量裂缝,造成梁体抗弯刚度降低,下挠度随之逐渐增大。大跨径连续刚构桥梁建设中必须注意以下几个方面,以防止运营中出现梁体下挠严重的病害:

①准确预计结构变形和预应力变化,配置足够的预应力钢筋,并通过合理的施工保证有效预应力满足设计要求。同时,通过设置预备束或采用体外无黏结预应力钢筋,对预应力损失严重的结构进行再次张拉,确保预应力作用满足要求。

②严格控制施工质量,控制好结构的收缩徐变变形,减少梁体开裂裂缝的产生,重点防护预应力钢筋与锚具的锈蚀危害。

③选择合理的施工方法和施工顺序或应用高性能材料,使结构的质量和承载能力更加安全可靠。例如,采用预制拼装建设的大跨径连续刚构桥就具有构件质量易于保证,混凝土养护条件优越,其收缩徐变容易控制,有效预应力能够很好地控制等优点。

④施工过程中应加强对接缝处混凝土的凿毛、振捣、漏浆等问题的处理,以保证接缝质量。或者采用斜接缝形式或剪力键形式代替竖向接缝,以防止接缝对结构后期挠度的影响。

⑤可以对箱梁外部混凝土进行逐节段的涂抹防潮涂料,或适当地采用膨胀混凝土,以减小或补偿混凝土的干燥收缩和桥梁纵向的徐变。

⑥做好桥梁运营阶段的超限载监控和保养维修工作,保证结构长期的承载能力及其耐久性。

⑦从考虑安全的富余来说,在设计上可以适当增加一定数值的箱梁变形预拱度,以补偿模拟计算中混凝土徐变作用下挠度偏小的误差,通常情况下这个量可增大 20% ~30% 。

8.2.6 梁体裂缝处理方法与防止措施

(1)桥梁梁体开裂病害的处理方法

桥梁梁体出现大量宽度大、长度长的裂缝,不但有损其外表美观,令人们心理上产生不安全感,而且使得混凝土内部的钢筋容易锈蚀,结构性能会相应地下降,严重的还有可能影响结构的正常运行。为了避免这些不良影响,必须对带有这些裂缝的结构进行相应的处理。

①对混凝土的缺陷进行修补并进行裂缝封闭处理。对存在蜂窝类的内部空隙缺陷进行合理的修补填充,并对宽度小于 0. 15 mm 的混凝土裂缝进行封闭处理,缝宽大于 0. 15 mm 的则进行压浆修补。

②根据实际情况,对箱梁底板和腹板的主要受拉区域粘贴碳纤维布进行补强。

③对预应力锚头进行检查,将外露及原封锚破损的锚头进行规范封锚,以保证所存预应力作用的可靠性。

④对存在预备束的桥梁结构,通过张拉预备束来改善结构受力状态,没有剩余预备束的可以通过增加体外预应力钢筋来实现。

(2)大跨径连续刚构桥梁体开裂病害的防止措施

既然影响大跨径预应力混凝土连续刚构桥箱梁混凝土开裂的原因存在于设计、施工、运营和养护等各个环节中,那么防止这一病害的措施也应该贯穿于这些环节中。可归纳为以下几个方面:

1)早期裂缝的防止

由混凝土材料本身的性质所决定,其内部在承受荷载前就已存在微裂缝,只是这些微裂缝在一定的应力范围内并没有进一步发展,一旦应力超过这个范围,这些微裂缝将迅速地扩展开来,并且呈现出不稳定性。同理,许多构件在投入使用之前就已产生早期裂缝,这些裂缝虽然很难观察到,对结构的影响不是很大,通常不怎么受关注。可是许多混凝土构件的表面裂缝往往由这些不受关注的早期裂缝发展而来。早期裂缝主要是因混凝土干燥收缩产生的收缩应力、水化热产生的内外温差应力及施工荷载产生的局部应力等作用而形成。对混凝土早期裂缝的防止,可以采取以下措施:

①尽量采用水化热效应低的高性能混凝土,或者采用专门的温控设计,如合理分层浇筑、预埋冷却管、预冷骨料等,在不影响混凝土强度的情况下,尽量降低内外温差。

②采用合理的混凝土配合比,保证合理的保护层厚度,并在浇筑过程中合理地控制振捣,以防止混凝土中骨料塑性下沉不均匀而产生顺筋向的表面裂缝。

③对水泥成分进行严格控制,并合理使用添加剂,有效地防止由混凝土中碱骨料化学反应所引起的胀裂。

④对已经浇筑完成的混凝土加强保护,确保其不受水、硫酸盐的侵蚀和霜冻等不良环境因素的危害。

⑤延迟拆模时间,或采用水或蒸汽密封的薄膜对浇筑完的混凝土进行覆盖等加强混凝土的养护,以防止气温过高、风速大等致使混凝土的水分蒸发过大而产生的塑性收缩裂缝和外部温度骤升骤降引起的裂缝。

⑥合理设置构件钢筋的混凝土保护层厚度和浇筑混凝土的密实性,防止混凝土中的钢筋发生锈蚀而导致裂缝产生。

⑦连续刚构桥梁属于多次超静定结构,其对基础变形比较敏感,如果基础不均匀沉降过大,将会引起结构内力发生很大变化,从而使箱梁发生开裂现象。保证桥梁基础的不均匀沉降不超过设计规定的极限,对防止箱梁开裂是不可忽视的因素。

⑧合理控制施工过程中的临时荷载,并控制好张拉预应力钢筋时混凝土的压应力,确保结构不会因为局部应力过大而产生裂缝。

2)腹板斜裂缝的防止

①对大跨径预应力混凝土连续刚构桥而言,腹板斜裂缝大多是由于混凝土存在早期裂缝而引发混凝土受拉区截面变小,主拉应力超过混凝土的承载能力而发展形成,通过上述措施有效地防止了混凝土的早期裂缝,这对控制梁体腹

板上的裂缝是有利的。

②合理布置预应力钢束不仅仅要满足量的要求,还要考虑采用预应力的形式、预应力布置位置以及施工中的可行性等多种因素。添加合理的弯起预应力钢束和布置足够的竖向预应力钢束可以有效减小腹板的主拉应力。

③适当地增加腹板的厚度,并合理安排腹板束的位置和布置合理的腹板箍筋,对降低腹板主拉应力、防止腹板开裂具有很好的作用。

④严格按照设计规范进行竖向预应力钢筋的施工,确保有效预应力满足设计要求。通常情况下,竖向预应力钢筋长度比较短、应力损失较大、封锚技术难度高,对减小腹板主拉应力,控制腹板裂缝很难达到预期效果,在施工过程中必须引起足够的重视。

⑤桥梁运营阶段的养护和对超载的限制是防止腹板斜裂缝产生和发展的重要因素。对所处环境十分恶劣的桥梁来说,运营阶段的养护至关重要,对已存在的缺陷进行弥补加强,对可能出现的病害进行有效防止,以保证桥梁的耐久性。

3)墩顶横隔板的防裂措施

对连续刚构桥而言,其箱梁的 0#块是构造尺寸和受力都很复杂的大体积钢筋混凝土结构。墩顶横隔板刚好位于箱梁 0#块内,它的受力情况很难精确地计算。对其防裂工作大多只能通过以下几项工作来完成:

①就整个连续刚构桥梁而言,应对其受力复杂的 0#块进行合理的尺寸和构造设计,并保证横隔板的尺寸与构造要求。

②对箱梁中的横隔板进行合理的配筋,必要时可以采用横向或交叉的斜向预应力钢筋。

③施工过程中必须重视墩顶横隔板的施工质量,并保证进行合理的养护工作。

④对箱梁 0#块的结构受力进行更深入的研究,从而可以更合理地布置全桥的预应力钢束,确保 0#块这样的复杂结构能够更安全、有效地工作。

8.2.7　竖向预应力有效性分析

现阶段,三向预应力体系在连续刚构桥梁建设中得到了广泛的应用,但是对这种预应力体系的优越性,很多人各持己见。其中,异议颇多的就是利用竖向预应力代替腹板弯起束来帮助箱梁腹板抗剪和抗裂。为此,本节通过有限元模拟对比和进行竖向预应力损失计算,来探讨竖向预应力的有效性。

(1)竖向预应力对梁体裂缝的影响

在进行连续刚构桥裂缝成因分析时指出,箱梁腹板裂缝危害的主要原因是腹板处的主拉应力超过了其结构的抗裂能力。很多人认为,竖向预应力钢筋的长度较短,张拉后的预应力损失严重,而且其锚固的锚头通常设置在顶板,如果封锚不到位,很容易浸水腐蚀,从而导致斜截面抗剪承载力不够,腹板主拉应力超标。下面在不考虑竖向预应力钢筋施工缺陷的前提下,利用有限元模型来分析竖向预应力的有效性对箱梁腹板处主拉应力的影响。

1)分析模型选取与建立

仍然选用龙溪嘉陵江特大桥的仿真模型进行分析,选取在同一种工况下,加入不同的竖向预应力效应系数,查看箱梁腹板处由竖向预应力引起的主拉应力的变化。

①竖向钢束描述。龙溪嘉陵江特大桥本身采用弯起束与竖向预应力共同承担腹板的抗裂,每一个箱梁节段都对称布置有两束弯至腹板中部附近的腹板束,即使不添加竖向预应力钢筋,腹板截面仍然具有一定的抗裂能力。这里只从腹板处主拉应力的变化来分析其参数的影响情况。该桥竖向预应力钢筋采用 3 ϕ^s15.2 钢绞线,标准强度 1 860 MPa,一段张拉,每一束的张拉力为 585 kN,采用 M15-3DHS 型锚具。竖向预应力在 1# ~ 23#节段的腹板内分两行交替布置,其相隔间距为 500 mm,竖向预应力钢筋效应折减系数初始值按规范取为 0.6。

②模型参数设置。取用上述设计图纸中的信息,即钢绞线根数、截面、张拉力及间距为不变参数,而选取钢筋效应折减系数为可变参数,按表 8.1 的 5 种情况进行计算,在恒荷载+预应力荷载+收缩二次+徐变二次+活载的工况下,腹板中部主拉应力及 z 轴方向上轴力的变化幅度及趋势,从而判定竖向预应力的有效性。

表 8.1　分析情况列表

情况	一	二	三	四	五	六
效应系数	0	0.3	0.4	0.5	0.6	0.7

2）模型计算结果

上述计算结果见表 8.2。

表 8.2　效应系数对主拉应力影响分析表

效应系数	箱梁腹板主拉应力情况
0	腹板主拉应力最大值为 2.24 MPa
0.3	腹板主拉应力最大值为 1.77 MPa
0.4	腹板上没出现拉应力,最小压应力值为 -0.14 MPa
0.5	腹板上没出现拉应力,最小压应力值为 -0.42 MPa
0.6	腹板上没出现拉应力,最小压应力值为 -0.7 MPa
0.7	腹板上没出现拉应力,最小压应力值为 -0.9 MPa

由表 8.2 可知,竖向预应力效应系数对腹板主拉应力的影响规律复杂。当呈现为主拉应力或主压应力时,竖向预应力效应系数的影响很小,系数每增加 0.1,主拉应力或主压应力增减都很小。而对于是否出现主拉应力,效应系数的影响却很大,效应系数只变化 0.1,腹板就由主压应力变成了主拉应力。

(2)竖向预应力损失计算

竖向预应力钢筋效应折减系数对有箱梁斜截面是否出现主拉应力的影响很大,在缺乏竖向预应力钢筋有效应力的精确计算方法的前提下,大跨度混凝土桥梁的设计需要对结构施工阶段以及使用阶段的竖向预应力损失进行准确估计,才能保证预应力混凝土结构的承载能力。下面通过对油坊沟大桥箱梁腹板竖向预应力损失的计算,以验证设计中竖向预应力效应系数的取值。

油坊沟大桥的竖向预应力钢筋采用 3 ϕ^s15.2 钢绞线,标准强度 1 860 MPa,一段张拉,每一束的张拉力为 585 kN,采用 M15-3DHS 型锚具。竖向预应力钢筋在 1#～23#节段的腹板内分两行交替布置,其相隔间距为 500 mm。

由于预应力损失与预应力钢绞线的长度有关,所以选取变截面上 0#块截面、中跨 1/4 截面和合龙段上的 3 种不同长度的竖向预应力钢束进行计算。选取长度分别为 13 m、7 m、3.6 m。另外,对竖向预应力而言,很难确定出一个特定的受力最不利截面,这里选择各项预应力损失计算值最大的截面来考虑,并简化该截面为单边腹板的竖向截面,即为腹板宽度与节段长度组成的矩形截面。

1)预应力钢筋与管道壁间摩擦引起的应力损失(σ_{l1})

预应力钢筋存在曲直相间的区段,在张拉时经常出现预应力钢筋沿管道壁滑移而产生摩擦力,使钢筋中的预应力形成张拉端高,向构件跨中方向逐渐减小的现象。这种情况下,钢筋在任意两个截面间的应力差值就是这两个截面间由摩擦引起的预应力损失,记为 σ_{l1}。

2)锚具变形、钢筋回缩和接缝压缩引起的应力损失(σ_{l2})

对后张法构件,在张拉结束锚固时,预加的巨大压力使得锚具自身和锚下垫板承压挤密而变形,同时有些锚具的锚固后预应力钢筋仍然向内回缩。另外,拼装式结构的连接缝会因为锚固后的巨大压力而被挤密变形,所有的这些回缩变形都会使锚固完成后的预应力钢筋放松,从而引起预应力损失。

3)混凝土弹性压缩引起的应力损失(σ_{l3})

混凝土构件中所配的预应力钢束有很多,在张拉时只能采用分批张拉或逐束张拉,这样就使得混凝土产生弹性压缩,从而导致先张拉并锚固的钢筋产生一定量的预应力损失,一般称此为分批张拉应力损失。

截面的选取是很复杂的问题,不可能选取整个箱梁的腹板为一个计算截面,而且预应力的张拉是沿着梁段顺序进行的,取单侧腹板进行研究,不存在对称张拉的问题,要考虑后张拉对先张拉钢筋的影响与一般截面的纵向预应力筋大不相同。因此,一般采用有限元软件进行有限元实体模型分析。

模型取两个箱梁节段的腹板进行分析。腹板长 10 m、宽 0.6 m、高 7 m。

考虑竖向预应力为分批单向张拉,张拉顺序为 1# ~ 11#。

由以上计算得出,在箱梁腹板高度为 7 m、宽度为 0.6 m 的情况下,1#钢束的预应力损失变化历程见表8.3。

由表8.3 可知,最后计算得混凝土弹性压缩引起的应力损失(σ_{l4})为 7 MPa,损失率为 0.502%。随着预应力筋间距的增大,其影响作用下降非常快,油坊沟大桥后张拉的竖向预应力钢筋只对先张拉预应力钢筋产生影响的范围大约为 2 m。

表 8.3　竖向预应力损失计算结果

张拉工况	1#钢筋所存应力/MPa	损失累积值/MPa	损失率/%
1#钢筋张拉完成	1 395	0	0
2#钢筋张拉完成	1 393	2	0.143
3#钢筋张拉完成	1 392	3	0.215
4#钢筋张拉完成	1 390	5	0.358
5#钢筋张拉完成	1390	5	0.358
6#钢筋张拉完成	1 389	6	0.430
7#钢筋张拉完成	1 389	6	0.430
8#钢筋张拉完成	1 388	7	0.502
9#钢筋张拉完成	1 388	7	0.502
10#钢筋张拉完成	1 388	7	0.502
11#钢筋张拉完成	1 388	7	0.502

上述计算分析以油坊沟大桥实际施工过程及参数为依据,假如采用的是双向张拉,那么后张钢筋对先张钢筋的影响就应该加倍。另外,混凝土的弹性模量、张拉控制应力及腹板尺寸对这项预应力损失的影响非常大,具体影响情况应该按照实际情况进行分析。

4)钢筋松弛引起的预应力损失(σ_{l4})

在持久不变的应力作用下,钢筋呈现出与混凝土一样的特性,即随持续荷载加载时间的延长,其徐变变形不断增加。在一定拉应力值下,如果固定钢筋的长度不变,则随时间延长钢筋中的应力值将随之降低,这种现象称为钢筋的松弛或应力松弛。

5)混凝土收缩徐变引起的应力损失(σ_{l5})

预应力张拉后,在混凝土的收缩徐变作用下,致使结构沿着预应力束延伸方向的长度缩短,从而引起预应力损失。

混凝土的收缩徐变产生的应变导致预应力钢筋向内回缩是其引起预应力损失的主要原因。针对这项损失,如果能够较准确地确定出预应力钢筋的回弹量,就能计算出预应力损失的值。而要确定钢筋的回弹量就需要计算出收缩应变及徐变应变的较准确值。

①收缩应变。收缩是在非荷载因素作用下混凝土体积随时间变化所产生的变形。混凝土的收缩变形不但是不可避免的,而且还是一个长期的过程,所受的影响因素很多,通常情况下很难对其进行准确的定量。目前,主要根据构件尺寸、混凝土成分及环境条件来预计混凝土收缩应变终值。

②徐变理论中的几个基本假定。由于客观存在的复杂性,很难精确计算出由混凝土徐变引起的结构变形和次内力,所以工程应用中常作出以下假定:

a.线性理论。认为徐变应变与初始弹性应变具有线性关系,即徐变应变与初始弹性应变之比(徐变系数)是不随持续应力的大小而改变的。

b.忽略钢筋对结构的影响,认为构件为素混凝土结构。这样的假设只适用于配筋率较小的预应力混凝土结构,而不适用于弹性模量差异较大的相同或不同材料组成的复合结构。

c.假定混凝土的弹性模量不变。实际上,混凝土的弹性模量会随时间而改变。由于混凝土的徐变系数计算值中已包含了部分因素,所以计算时可取常值。

③ANSYS 软件中的徐变分析方法。以徐变应变率的方式来表示混凝土试件在一维拉伸实验中所呈现的主要特征。ANSYS 在对徐变方程进行积分时,常使用经修改过的总应变。为了计入应力随着时间的变化,可运用应变强化准则,认为徐变应变率仅与材料中的应变有关。同时依照时间强化准则的假定,认为仅有徐变应变的开始时间才能影响徐变应变率。ANSYS 软件对混凝土的徐变分析有隐式算法和显式算法两种方法。隐式算法是通过 TB 命令中的 TBOPT 命令来指定软件提供的隐式徐变方程。如需调用显式徐变方程,只要在 TB 命令中设置 TBOPT=0 即可。而显式算法则是假定每个时间步长内的徐变应变率是常数,然后使用欧拉朝前法,以对应每一时间步长初始时间的应力、应变为基础来计算出徐变应变率。

在徐变应变率变化较大的区域,为了使误差很小,需要将时间步长划分得特别小。在忽略其他一些非线性行为的情况下,有以下两个特点:

a.只在每一个子步的起初对徐变应变率进行修正,则在此子步内将不再引起变化。

b. 程序将不执行牛顿-拉普森迭代,如果对求解的精度要求较高,只能依赖划分较小的时间步长。

如果每个时间步长内都要求进行牛顿-拉普森迭代,则必须考虑其他的非线性行为。

用 Solid 65 单元模拟普通钢筋混凝土,用 LINK8 单元模拟预应力钢筋,在不考虑纵向影响的前提下分析竖向应变随时间的变化,边界条件取实际情况的两端固定支撑方式。由于边界条件处模拟失真,所以在腹板两端 1 倍梁高范围内未布置预应力钢束。按照圣维南原理,在靠近边界处计算失真,但在原理边界处,计算结果真实准确。

不考虑混凝土开裂的影响,并认为结构处于弹性工作状态,运用 Creep 准则,分析在竖向预应力和自重作用下箱梁腹板在 10 年内的徐变及其对应力、变形的影响。计算结果得出腹板中部的预应力损失小于腹板两端的损失,而靠近腹板顶部位置的预应力损失最大,腹板中下部的应力损失最小。取最大和最小的数据与钢筋的初应变进行对比,折算出徐变引起的竖向预应力损失为 11.3% ~ 12.7% 。

由计算结果可以得出:竖向预应力的损失较严重,其中由第二项因素引起的预应力损失 σ_{l2} 占总损失的绝大部分,预应力筋长度越短,应力的损失就越大;箱梁腹板中的很多短束应力损失严重,最终永存应力将不足 60% ,这对腹板的抗裂性能很不利,建议设计中保留一定的弯束来辅助抗裂。

8.3　连续刚构开裂与下挠控制建议

8.3.1　开裂与下挠控制基本要求

①设计应明确预应力张拉时的混凝土强度与龄期要求。

②结构设计时应在保证结构强度的前提下适当提高结构刚度,控制恒载变形,恒载弹性挠度不宜大于计算跨径的 1/4 000 ~ 1/3 000,汽车荷载作用(含冲击)下的挠度不应超过计算跨径的 1/1 000 。

③预应力设计宜尽量减小恒载弯矩和剪力。

④大跨径预应力混凝土箱梁应按全预应力构件设计。

⑤预应力配束设计应考虑对应力和长期变形的双控。

8.3.2 开裂控制的设计建议

(1)预应力设计建议

①三向预应力设计宜考虑箱梁的空间应力分布规律进行配束,对预应力钢筋弯曲、锚固及腹板预应力区域应配置足够的构造钢筋。

②纵向预应力筋应避免集中平弯和集中锚固,并尽量靠近腹板锚固。纵向下弯束锚固位置应根据计算确定。

③应计入钢束弯曲径向力作用。

④应在高主拉应力区域重点设置弯束,如主跨 1/4 和边跨梁端附近等部位。

⑤压应力储备不宜过大,纵向预应力筋尚应考虑泊松效应造成的纵向开裂。

⑥合理估计分段施工的纵向预应力钢束管道偏差产生的预应力损失,纵向束的设计宜考虑因管道摩阻系数差异而进行的调整。

⑦体外束自由长度不宜大于 8.0 m,取用更大长度时应根据计算确定。

⑧腹板内缘净距大于 4.5 m 的箱梁顶板宜设置横向预应力,预应力管道中心间距不宜大于 4 倍最小顶板厚。当底板较薄且较宽时,可设置横向预应力或加劲肋,预应力大小及间距按计算确定。

⑨竖向与横向预应力筋沿桥纵向不宜均匀间距布置,在横隔板两侧的纵向束平弯区、腹板变厚度区、各跨梁高最小断面左右 1/4 跨区域等部位的顶板和腹板应适当进行加密布置或调整根数加大竖向预应力,竖向预应力筋布置时应适当考虑板厚方向的偏置,部分抵消底板横向框架作用对腹板的影响。

⑩边跨底板纵向束宜尽量上弯锚固,直线通过支座的预应力束数量可为底板束总量的 20% 并不少于两束。

⑪为控制横隔板收缩开裂,可在板中设置横向预应力筋,预应力筋产生的压应力效应不低于 0.75 MPa。

(2)结构计算建议

①宜采用空间有限元计算方法进行三向预应力混凝土箱梁桥的计算。在

计算条件尚不具备时,可考虑基于空间计算的平面修正计算方法,修正系数宜按边跨梁端、主跨支点、主跨 1/4 及主跨跨中等区段进行划分。

②箱梁的温度场应考虑整体温差、温度梯度和内外温差引起的结构纵向及横向效应。其中,内外温差应采用空间有限元计算,无实测资料时,考虑的温差值不宜小于±5 ℃。这 3 种温度效应可采取累加的方式进行分析。

③对有齿板锚固的主梁截面、临近齿板锚前区的梁段接缝面及顶板、腹板和底板与齿板的交界面应进行抗拉验算。

（3）构造建议

①预应力锚固区在各梁段的布置应合理,尽量避免放置在拉应力区和梁段接缝处。

②锚固齿板的尺寸应合理,满足锚下局部承压及与周围板件的连接要求。

③锚固齿板应有足够的锚下局部承压钢筋、锚头防崩裂钢筋、锚后抗拉钢筋（其承担的锚固力不宜低于 25% 的预应力钢筋拉力）及预应力钢筋弯曲处的防崩钢筋。

④防裂构造钢筋网控制钢筋的间距宜为 120 ~ 200 mm,在高应力区加密构造钢筋配置。

⑤内外层钢筋应用联结筋形成整体骨架,间距不宜超过 600 mm。

⑥高主拉应力部位可考虑采用 $\phi 5@50 \times 50$ mm 的钢筋网作为辅助抗裂措施。

⑦预应力管道最大直径不得超过板厚度的 0.4 倍。

⑧体内预应力钢筋管道必须有稳固支撑,塑料波纹管架立钢筋间距应不大于 500 mm,弯曲预应力钢筋的弯曲部位宜适当加密。

⑨当底板曲线筋采用多层多排布置时,预应力钢筋管道间最小净距（梁高及梁宽双向）不小于 1 倍管道内径,梁宽方向的最小净距尚应保证插入式振捣棒的正常工作。竖向层间间距不能满足上述净距要求且大于 25 mm 时或预应力钢筋通过附近存在孔洞时,应设置抗劈裂吊筋。

⑩当底板布置有单排曲线筋时,宜考虑为其设置抗劈裂吊筋。

8.3.3　开裂控制的施工建议

（1）混凝土施工

①混凝土除符合设计所要求的性能外,应选择抗收缩性能较好的水泥、掺合料及外加剂等混凝土原材料,必要时可通过圆环约束试件进行混凝土抗裂性能试验。

②应根据施工部位、环境、水泥品种、外加剂及对混凝土性能的要求,提出具体的养护方案,并应严格执行规定的养护制度。

③箱梁底板下缘曲线应平顺,特别是边跨现浇段及中跨合龙段与悬臂端最后一个梁段之间不允许有相对转角。

（2）预应力施工

①预应力管道连接时应平顺,不应使接头处产生折角并防止水泥浆的渗入,避免在混凝土浇筑期间发生管道的转动或移位,混凝土养护期间顶底板通行宜搭设临时便道,严禁在预应力管道上方踩踏。

②锚垫板安装定位应准确,当采用精轧螺纹钢筋时,宜在浇筑混凝土前将锚固螺母拧上并与垫板临时固定,并宜采用扭矩扳手施拧。

③预应力钢筋的张拉控制应力应符合设计要求。为防止混凝土早期裂缝,预应力钢筋的张拉可分阶段进行,初次张拉应力宜控制在最终张拉力的35%,且混凝土强度应大于设计强度的60%。

④底板多层曲线布筋应分层张拉,先张拉底层预应力筋,并在灌浆48 h后再张拉上层束为宜。

⑤竖向预应力筋张拉时机以滞后于梁段施工2~3个阶段为宜,并应采取二次张拉,即在第1次张拉4~5 d后,进行二次张拉并灌浆。横向预应力筋张拉时机以滞后于梁段施工1个阶段为宜。梁段接缝两侧的横向及竖向预应力筋应同批张拉。

⑥预应力管道的压浆应饱满,宜采用真空辅助压浆技术,必要时应对压浆质量进行检验。

8.3.4　大跨度预应力混凝土箱梁下挠控制建议

①桥梁成型过程的设计计算分析,应按施工顺序逐步计算结构上各种作用

产生的累计效应,特别是施工作用对预应力混凝土结构收缩徐变的影响、合龙顺序与时机对结构受力的影响,必要时可采取顶推、压重、合龙束等措施。

②应充分估计混凝土的收缩徐变对结构的变形影响,特别是箱梁结构与施工过程对收缩的影响。对大型箱梁结构,原则上宜进行现场 3 ~ 6 个月的混凝土收缩徐变试验,按试验得到的徐变系数和收缩应变对现有收缩徐变模型进行修正。跨度 80 m 以上的预应力混凝土箱梁桥建议采用按龄期调整的有效弹模法逐步迭代计算每一施工阶段与运营阶段混凝土的徐变效应。推荐考虑顶底板温差 10 ℃(顶板高温、底板低温)及配筋差异对收缩徐变的影响,计算时长不宜小于 10 年。

③预应力混凝土箱梁桥长期变形计算应考虑车辆荷载对徐变的影响,可按车辆荷载的 0.4 倍折算成等效均布恒载。

④箱梁节段接缝处的混凝土强度宜进行折减,折减系数可取 0.9。

⑤主跨 150 m 以内的预应力混凝土梁桥可采用后期备用纵向调整束的方式控制长期下挠,其用量不宜低于设计抵抗正负弯矩钢束量的 5% ~ 10%,主跨 150 m 以上的预应力混凝土箱梁桥宜采用预应力体内外混合配束的方式。

⑥宜考虑自重施工误差的收缩徐变效应对结构挠度的影响,结构自重偏差 ±5%、预应力偏差 ±6%、桥面铺装层超厚 $L/7\ 000$(L 为主跨跨径)或 2 cm 的施工误差对箱梁的挠度影响。

参考文献

［1］ BAZANT Z P，BAWEIJA S. Justification and Refinement of Model B3 for Concrete Creep and Shrinkage-2. Satistics and Sensitivity［J］. Mater. Struct，1995，(28):488-495.

［2］ BAZANT Z P，XIANG Y. Crack Growth and Lifetime of Concrete Under Long Time Loading［J］. Journal of Engineering Mechanics，1997，123(4):350-358.

［3］ 包立新，杨广来，杨文军. 对连续刚构桥底板开裂问题的探讨［J］. 公路，2004，49(8):39-41.

［4］ 段云峰. 混凝土徐变对连续刚构桥预拱度的影响研究［D］. 长沙:长沙理工大学，2012.

［5］ 范立础. 桥梁工程［M］. 3 版. 北京:人民交通出版社，2017.

［6］ 龚昕. 大跨度预应力砼连续梁式桥主梁下挠研究［D］. 成都:西南交通大学，2006.

［7］ 郭玉峰. 大跨度混凝土连续梁桥徐变对预拱度设置影响研究［D］. 武汉:武汉理工大学，2009.

［8］ 胡狄. 预应力混凝土桥梁徐变效应分析［D］. 长沙:中南大学，2003.

［9］ 黄馨. PC 连续刚构桥成桥线形控制研究［D］. 西安:长安大学，2013.

［10］惠荣炎，黄国兴，易冰若. 混凝土的徐变［M］. 北京:中国铁道出版社，1988.

［11］李琛. 预应力连续刚构桥施工预拱度设置和温度应力分析［D］. 重庆:重庆交通大学，2017.

［12］李传习，夏桂云. 大跨度桥梁结构计算理论［M］. 北京:人民交通出版社，2002.

［13］李海军. 连续梁桥预应力箱梁腹板裂缝成因浅析［J］. 华东公路，2000(3):

26-29.

[14] 李力.连续梁桥预应力箱梁腹板裂缝成因分析[J].中外公路,2000(3)：16-18.

[15] 林绍忠,明峥嵘,祁勇峰.用数值流形法分析温度场及温度应力[J].长江科学院院报,2007,24(5):72-75.

[16] 刘滨锐.连续刚构桥常见病害分析及防治措施[D].重庆:重庆交通大学,2012.

[17] 刘作霖,徐兴玉.预应力T型钢构式桥[M].北京:人民交通出版社,1982.

[18] 罗永忠,黎明.施工过程中预应力混凝土箱梁硬面裂缝问题的浅析[J].广东公路交通,2002(2):22-24.

[19] 马保林.高墩大跨连续刚构桥[M].北京:人民交通出版社,2001.

[20] 齐东春,张永水,李强.大跨度连续刚构桥跨中下挠的成因及对策[J].重庆交通大学学报,2007(12):34-36.

[21] 邵旭东,顾安邦.桥梁工程[M].北京:人民交通出版社,2020.

[22] 邵旭东.大跨度梁式桥的常见病害与预防对策[R].长沙:湖南大学,2009.

[23] 沈典栋.大跨径预应力混凝土连续桥梁施工预拱度控制研究[D].武汉:武汉理工大学,2003.

[24] 施颖,朱汉华,徐建铭,等.浅谈预应力混凝土连续箱梁桥设计[J].华东公路,2002(5):32-35.

[25] 孙国柱.番禺洛溪大桥设计施工概况[J].桥梁建设,1989(1):1-12.

[26] 唐旭.基于灰色理论的PC连续刚构桥线形控制研究[D].邯郸:河北工程大学,2015.

[27] 汪剑,方志.大跨预应力混凝土箱梁桥收缩徐变效应测试与分析[J].土木工程学报,2008,41(1):70-81.

[28] 吴延贞.混凝土徐变对预应力桥梁预拱度的设置研究[D].武汉:武汉理工大学,2012.

[29] 向中富,等.大跨径桥梁监测、加固、养护成套技术研究总报告(一)[R].重庆:重庆交通大学,2012.

[30] 项海帆.高等桥梁结构理论[M].2版.北京:人民交通出版社,2013.

[31] 杨凯.高墩大跨连续刚构桥仿真分析及标高控制研究[D].西安:长安大

学,2006.

[32] 曾庆.超高墩连续刚构桥线形控制技术及其关键问题研究[D].重庆:重庆交通大学,2012.

[33] 曾勇,等.忠县忠州镇龙潭渡改桥工程主桥施工监控总报告[R].重庆:重庆交通大学,2018.

[34] 张大伟.高墩大跨径连续刚构桥施工监控后评价[D].西安:长安大学,2010.

[35] 张继尧,王昌将.悬臂浇筑预应力混凝土连续梁桥[M].北京:人民交通出版社,2004.

[36] 张宁.混凝土箱梁温度场试验及温度效应理论研究[D].重庆:重庆大学,2014.

[37] 周履,陈永春.收缩徐变[M].北京:中国铁道出版社,1994.

[38] 周履,诸林,黎锡吾.长跨度预应力混凝土铁路连续梁的收缩徐变计算[J].桥梁建设,1984,(4):59-72.

[39] 周水兴.桥梁工程[M].2 版.重庆:重庆大学出版社,2011.

[40] 朱宇峰,王解军.大跨度连续刚构桥施工控制中的混凝土徐变分析[J].公路工程,2008,33(1):32-35.